Ingrid Riedel

Lebensträume – Lebensräume

HERDER spektrum

Band 4903

Das Buch

Träume eröffnen oft Lösungsperspektiven. Wie oft hat man das Gefühl, festzustecken, in größeren oder kleineren Krisen, gerade auch dann, wenn ein neuer Lebensabschnitt bevorsteht. Sensibel für die leise Sprache von Träumen und Symbolen zu sein, zu erkennen, was neu im Leben Gestalt gewinnen will und sich zuversichtlich neuen Herausforderungen zu stellen: Wie dies gelingen kann, zeigt Ingrid Riedel in ihrem neuen Buch. Es wird möglich, neue Räume zu entdecken, sowohl in der eigenen Seele, die plötzlich kreative Möglichkeiten bereitstellt als auch in der äußeren Wirklichkeit. Engführungen zu überwinden und offene Horizonte zu entdecken, kann eine der schönsten Erfahrungen im Leben sein. Es geht darum, das Wirklichkeit werden zu lassen, dem Raum zu geben, von dem man schon immer träumte und nur nicht wagte, es zu verwirklichen. Krisen können da neue Impulse geben, den Schritt zu wagen in einen neuen Lebensraum hinein. Ein einfühlsames Buch, mit dem man neue Möglichkeiten für sich entdecken kann.

Die Autorin

Professorin Dr. Dr. Ingrid Riedel, geboren 1935, Dozentin und Lehranalytikerin am C. G. Jung-Institut Zürich, Honorarprofessorin an der Universität Frankfurt am Main und Psychotherapeutin in eigener Praxis. Sie lebt in Konstanz. Autorin zahlreicher Bücher. Bei Herder Spektrum: Die gewandelte Frau. Vom Geheimnis der zweiten Lebenshälfte (Band 4892). Engel der Wandlung. Die Engelbilder Paul Klees.

Ingrid Riedel

Lebensträume – Lebensräume

Stufen inneren Wachstums

HERDER

FREIBURG · BASEL · WIEN

Gedruckt auf umweltfreundlichem,
chlorfrei gebleichtem Papier

2. Auflage

www.herder.de
Herstellung: fgb · freiburger graphische betriebe 2002
www.fgb.de
Umschlaggestaltung und Konzeption:
R·M·E München / Roland Eschlbeck, Liana Tuchel
Umschlagmotiv: Ferdinand Hodler, Genfer See von Chexbres aus (1905)
ISBN 3-451-04903-1

Inhalt

Einführung

Mein Interesse gehört in den letzten Jahren immer wieder den neuen Lebensräumen, die sich erschließen könnten, wenn wir unsere wichtigsten Lebensträume nur ernst genug nähmen, wenn wir ihre Schlüsselfunktion erkennen und wahrnehmen würden.

Damit sind natürlich nicht irgendwelche kleinen Tagträumereien gemeint – obgleich auch diese nie von ungefähr kommen und nicht ohne Wirkung sind –, sondern es geht um unsere größeren Träume, Tagträume, Nachtträume, auch bewußte Lebensentwürfe, ja Visionen für unser Leben, die sich letztlich doch immer aus tieferen unbewußten Quellen speisen: oft auch aus einem inneren, noch nicht bewußten Ahnen um das, was potentiell in uns steckt an Begabungen, Lebensmöglichkeiten, um das, was sich in unserem Leben verwirklichen könnte, wenn wir den Mut dazu aufbrächten.

Vor Jahrzehnten verblüffte mich eine ältere Freundin mit der Aussage, daß alles, auf das wir uns mit ganzem Herzen ausrichteten, was wir uns von ganzer Seele wünschten, auch zur Erfüllung kommen würde. „Meinst du das im Ernst?", fragte ich sie zurück. „Aber gewiß", antwortete sie, „wußtest du das nicht?" Sie meinte es im Ernst. Aber natürlich nur im Blick auf das, worauf ein Mensch sich mit ganzem Ernst, mit seinem ganzen Ahnungsvermögen für sein innerstes Wesen ausrichten würde – das könnte sich auch realisieren.

Lange habe ich darüber nachdenken müssen, unter welchen Umständen das stimmen könnte. Dabei fiel mir auch das Wort des Angelus Silesius wieder ein, eine Zeile aus seinem „Cherubinischen Wandersmann", die mir schon in jungen Jahren begegnet ist und mich seither begleitet: „Mensch, was du liebst, in das wirst du verwandelt werden ..."

Wenn ich von wirklichen Träumen ausgehe, die im Schlaf aus dem sogenannten Unbewußten aufsteigen und von den innersten Motiven, die in ihnen sichtbar werden und die mir selbst noch nicht bewußt sind, dann hätte die kühne Aussage meiner inzwischen verstorbenen Freundin Hedi, für deren Leben es zutraf, auch überhaupt etwas für sich: daß in den Träumen und Wünschen nicht nur vage Vorstellungen, sondern innerste Entwicklungstendenzen in Erscheinung treten, die, jedenfalls für mein Leben oder für das Leben dessen, der sie träumt, ungeahnte Konsequenzen haben könnten, wenn wir ihm Raum geben, sich zu verwirklichen. Im Blick auf das persönliche Leben, auf das sich Träume primär beziehen, stimmt jene Aussage gewiß, daß sich diejenige Entwicklung realisieren wird, auf die unsere Träume hintendieren.

Die neuen Lebensträume erschließen sich jedoch nicht mit einem Schlage. Sie künden sich – auch wenn wir unseren Träumen folgen – durch Übergänge an, Übergänge, die mit dem Abschied vom bisherigen, vom Altgewohnten beginnen, mit einer „Selbstunterbrechung" gleichsam (Steffensky), die dann durch eine gefahrenreiche Zone des unbekannten Niemandslandes zwischen Altland und Neuland führen, bis sie schließlich auf dem Boden des Neulandes ankommen, der nun auch bewußt betreten werden will.

An typischen Traummotiven lassen sich solche Träume als Übergangsträume erkennen, die den Weg in neue Lebensräume weisen.

Tauchen solche Motive in unseren Träumen auf, dann wissen wir, daß wir uns bereits im Übergang befinden. Oft zeigen sie uns auch, welche der drei genannten Phasen wir eben durchlaufen, eher die des Abschieds (rite de sortie) oder eher schon diejenige des Durchgangs (rite de marche) oder die Phase, die bereits die Ankunft auf Neuland anzeigt. Solche typischen, ja archetypischen Traummotive stelle ich im Eingangskapitel vor, um dann im folgenden auf die Archetypik von Übergängen überhaupt einzugehen, einer Grunderfahrung der Menschheit, der überall auch entsprechende Rituale zugeordnet waren. Das Wiedererwachen unseres Sinnes für Rituale, ob es nun um das Begleiten von Geburt und Sterben, von Berufs-, Orts- und Beziehungswechseln oder um das Begehen runder Geburtstage geht, zeigt an, daß der Sinn für Lebensübergänge und ihre Bedeutsamkeit überhaupt unter uns wieder erwacht ist.

Solche Übergangsrituale gestalten den Übertritt über die Schwellen von Lebensraum zu Lebensraum. Es bringt allemal einen Gewinn, diese Schwellen wahrzunehmen, statt einfach über sie hinweg zu stolpern, so daß wir nicht, im Gleichnis gesprochen, gleich mit einer Bauchlandung im neuen Lebensraum ankämen und um so längere Zeit benötigten, um uns überhaupt erst wieder aufzurichten und diesen neuen Raum betreten und bewohnen zu können. Auch die Altersstufen unseres Lebens, ob wir die Zwanziger, Dreißiger, Vierziger, Fünfziger oder Sechziger annehmen, stellen zugleich ganze Lebensräume dar, in denen jeweils spezielle Lebensmöglichkeiten liegen. Im Blick auf die jeweiligen Sinnaspekte, die in diesen Lebensphasen liegen und die entsprechenden Zugänge zur Spiritualität, habe ich die wichtigsten Lebensphasen im zweiten Kapital kurz charakterisiert.

Im Hauptteil des Buches wende ich mich demgegenüber bestimmten Lebensthemen zu, die für die Erschließung neuer Lebensräume für den einzelnen von besonderer Aktualität sind: dem Umgang mit Lebensangst einerseits und der Lebenskunst und dem Umgang mit Lebenskunst andererseits, wozu vor allem die Fähigkeit zur Bezogenheit gehört, die Kunst, zwischen Beziehung und Abhängigkeit zu unterscheiden, eine „Lebenskunst", die schließlich den Zugang zur Lebenslust eröffnet, zur Lebensleidenschaft (Biophilie) angesichts der weit verbreiteten Tendenz zum Sterben, zum Untergang (Nekrophilie).

Schließlich sind Zonen und Räume des menschlichen Körpers selbst in das Nachdenken einbezogen, Bereiche, in denen sich die Verbindung von Lebensträumen und Lebensräumen besonders fühlbar und greifbar vollzieht: im Bereich der Haut einerseits, der Umwandung unseres Körperhauses als dem Kontaktbereich, in dem sich die Berührung zwischen außen und innen tastbar abspielt, die Berührung zugleich zwischen ich und du, und der Bereich des Herzens andererseits als dem physischen, psychischen und symbolischen Zentrum der Person, ihrem Herzraum, dem energetischen und emotionalen Zentrum unserer Körperwohnung.

Wie subtil Haut und Herz auf Lebensträume und auf die entsprechend sich öffnenden oder auch verschließenden Lebensräume reagieren, werde ich an Beispielen aus dem psychosomatischen, aber auch aus dem symbolischen Feld aufzeigen.

Die Kapitel dieses Buches sind zum größeren Teil neu erarbeitet, zum kleineren im Umfeld meiner mehrjährigen Studien zu Lebensübergängen entstanden, wozu auch die begleitenden Träume gehören. Von hier aus versteht sich die Erwähnung mancher Traumbeispiele, die ich in anderen Zusammenhängen schon einmal behandelt habe, die ich aber auch im jetzigen Zusammenhang für unentbehrlich halte. Einige Kapitel gehen auf Vorträge zurück, die ich zur entsprechenden Thematik gehalten habe, sie wurden jedoch für den neuen Gedankengang dieses Buches neu bearbeitet. Frau Dr. Karin Walter, die die Zusammenstellung dieses Buches angeregt und sorgfältig betreut hat, sei an dieser Stelle mein besonderer Dank ausgesprochen.

1. Schwellenträume Symbole und Rituale

Lebensträume sind oft zugleich Träume von Lebensübergängen, denn wie sollten wir in ersehntes Neues gelangen können, ohne Altes zuvor zu verlassen, ohne die Durchgänge, die oft schwierigen und schmerzhaften Passagen, die vom Bisherigen zum Neuen führen, zu wahren? Solche Träume haben es zu tun mit den alten Symbolen des Übergangs: mit Flußüberschreitung, wie sie auf Brücken, auf Booten, auf der Fähre über den Styx geschieht, getragen auf den Schultern eines Christophorus oder selbst den Fluß durchwatend, wie Jakob bei jenem Jakobsfluß es tat. Letztlich muß solch ein Fluß oft selbst durchschwommen werden, wie die Elbe von den Flüchtlingen aus der damaligen DDR oft durchschwommen wurde.

Der Traum eines dreißigjährigen Mannes mag die typischen Phasen eines Übergangstraumes verdeutlichen:

Im Traum überquert er den Ganges, Indiens gewaltigen und als heilig geltenden Lebensstrom. Nachdem er das bisherige Ufer auf einer Fähre verlassen hat und das bunte Treiben dort, aber auch die Scheiterhaufen mit den Totenverbrennungen langsam seinen Augen entschwinden, ist er nun mitten auf dem Fluß und sieht vieles vorbeitreiben, tote Hölzer, Tierkadaver, auf einmal auch einen Menschen. Mit tiefem Erschrecken erkennt er, daß dieser Mensch seine tote Mutter ist. Er möchte sie aufhalten, bergen, doch kann er nichts tun, die Fähre kreuzt quer zur Strömung den Fluß, läßt sich nicht stoppen, ein Herausspringen in den Fluß wäre lebensgefährlich.

So überläßt er seine Mutter dem Strom, der sie wegträgt. Die Fähre legt schließlich am anderen Ufer an. Er betritt das für ihn unbekanntes Gelände, das dicht bewaldet ist. Nur ein schmaler Pfad führt durch das Dickicht, dem er sich schließlich anvertraut.

Der Traum hat seinen emotionalen Schwerpunkt in der Mitte der Sequenz, bei der Überfahrt, symbolisch etwa in der Mitte des Stromes, als der Träumer seine geliebte tote Mutter vorbeitreiben sieht, außerstande, sie aufzuhalten, zu bergen. Er muß sie dem Lebensstrom überlassen.

Endgültig, so sagt ihm dieser Traum, wird er sich von seiner Mutter ablösen müssen, die in Wirklichkeit noch lebt und auch Jahre, nachdem dieser Traum geträumt wurde, sich noch guter Gesundheit erfreut. Der Traum meint nicht ihren Tod, sondern die phasengerechte Ablösung des Sohnes, der bereits in der Mitte des Lebens steht, und der nicht über den Strom zum anderen Ufer kommen würde, wenn er seine Mutter länger in der bisherigen Weise festhalten und bei sich behalten wollte. Es ist zu seinem Trost nicht irgendein Fluß, vielmehr ein heiliger Strom, der Lebensstrom selber, der ihm die Mutter jetzt nimmt. Der Träumer läßt es geschehen und kommt drüben an, auf Neuland, auf unbekanntem Gelände, das nur ein schmaler Pfad für je einen einzelnen erschließt. Doch vertraut er sich diesem Pfad an. Was er verlassen hat am bisherigen Ufer: das ist das bunte Treiben der Menschen, in dem er gleichsam mitschwimmen konnte. Es war aber auch der Ort von Totenverbrennungen, von Abschieden also, worin das Thema der Ablösung von der Mutter schon anklang. Der Pfad auf dem neuen Ufer ist nur für einen einzelnen Menschen bestimmt. Allenfalls hintereinander könnten einzelne hier gehen. Es geht also um eine Verselbständigung des jungen Mannes, der Traum löst ihn aus seinem Mitschwimmen in einem Kollektiv heraus.

Manchmal ist es in den Träumen auch „das große Wasser", wie es im I-Ging heißt – das Meer zu überqueren, auf Booten, zum Beispiel auf einem weißen Boot, wie ein Mann mit Suizidgedanken es einmal träumte, vielleicht auch geleitet durch einen tiefenkundigen Seelenführer, wie den Delphin, den Wal, die Seekuh.

Da gibt es noch andere Bilder großer Übergänge: Ein riesiger Wald mag zu durchqueren sein, ein Urwald vielleicht, und als kundige Geleiter stellen sich im Traum ein Fuchs oder auch ein Bär ein, ein Vogel womöglich, vielleicht aber auch geheimnisvolle Gestalten wie „der Grüne", der „Eisenhans" eine „Erdzauberin" oder auch eine „schwarze Frau".

Lebensübergänge können auch die Alpenüberquerung zum Symbolbild nehmen, wie sie auf schmalen gefährlichen Pfaden, zu Fuß oder unter dem Geleit eines Bernhardinerhundes geschieht, von einem Esel oder einem Pferd getragen – oder, wie das in der Symbolik moderner Träume geschieht, auf schwindelerregenden Paßstraßen, durch Haarnadelkurven hindurch, befahren mit dem Mountainbike, mit Auto oder Bus.

Schließlich bleibt die Wüste eine symbolische Landschaft von alters her, in der Grenzerfahrungen gemacht werden, und die, unter Lebensgefahr zu durchschreiten, eine Übergangserfahrung von besonderer Bedeutung ist und bleibt. Die Wüste wird heute oft auch wieder wirklich aufgesucht von Menschen, die eine entscheidende Erfahrung, eine Wegorientierung in ihrem Leben suchen, von Abenteurern, aber auch von Mystikern. Die Wüste durchquert man in der Wirklichkeit wie im Traum zu Fuß oder auf einem Kamel, neuerdings auch im Jeep oder in einem kleinen Flugzeug, wie es Saint-Exupéry auf seinen berühmten Flügen tat, von denen seine Bücher von „Wind, Sand und Sterne" bis hin zu „Der kleine Prinz" erzählen. Auf Wasser ist man angewiesen, auf Brunnen, heute wie damals, und so erscheinen deren Symbole auch in den Träumen. Beim Gang durch die Wüste, beim Ritt, beim Flug ist die Orientierung am Stand der Gestirne noch immer die wichtigste, die Windrichtung, der Stand der Sonne und nachts der Gestirne, sind aufmerksam zu beobachten. Sie spielen eine Rolle in den Träumen, die von Lebensübergängen im Symbolbild der Wüste erzählen. In viele heutige Träume hinein spielt auch das Bild von Abraham, der aufbruchsbereit unter dem Sternenhimmel steht, gerufen von seinem Gott und entschlossen, Heimat und Freundschaft aufzugeben um des unbekannten, aber verheißenen neuen Landes willen.

Wanderschaft und Behausung, Nomadentum und Seßhaftigkeit, Zelt und Haus sind denn auch große Gegensatzmotive bei Lebensübergängen und den ihnen entsprechenden Träumen. Gilt es, sich am Übergang in die Dreißiger gegenüber dem Nomadentum der Jugend für die Seßhaftigkeit zu entscheiden, so gilt es jenseits der Fünfzig, unseres wesenhaft gegebenen Nomadentums, unserer Hauslosigkeit wieder eingedenk zu sein, sich bereit zu machen für die großen Abschiede, die unser Leben bereit hält.

Lebensorte, Lebenshäuser zu wechseln, neu zu beziehen und auch wieder aufgeben zu können, sind immer wieder auftauchende Motive bei Lebensübergängen.

Altbauwohnungen müssen verlassen werden, aus Hochhäusern gilt es auszuziehen zugunsten bodennäherer Behausungen. Bunkerähnliche Verschanzungen gilt es zu verlassen zugunsten lichter beweglicher Bungalows mit weiter Sicht und großen Gärten. Hütten in Meeresnähe gilt es statt dessen zu beziehen, Erdhäuser mit begrasten Dächern. Mit den Wohnungen wechseln die Kleider. In Wirklichkeit wie in den geträumten Träumen wechseln die Farben, die Möbel, die Lebensstile.

Lebensübergänge verlangen oft Lotungen in große, bisher unbekannte Tiefen: In Brunnen gilt es hinabzusteigen, vielleicht von einem Frosch geleitet, von Frau Holle oder auch von Teufels Großmutter empfangen; oder es gilt in große Höhen emporzusteigen, tagelang in einen wolkenhohen Baum hinein, wie es dem Helden des Märchens „Die Prinzessin im Baum" geschieht, oder auch gemeinsam mit den Engeln die Himmelsleiter hinauf- und hinabsteigen, wie Jakob in seinem Traum, den Chagall, ein Maler unserer Zeit, unseres Jahrhunderts, ein Leben lang nachträumte und nachgestaltete. Lebensübergänge werden in heutigen Träumen oft auch im Flugzeug bewältigt, in Airbussen mit dramatischen Aufstiegen und Landungen, oft bei hoher Absturzgefahr; in

Flugzeugen, die ganze Kontinente überqueren können, wenn denn die Lebensübergänge weite Distanzen zu überbrücken oder Fremdes in unseren Kulturkreis zu integrieren haben. Wie Flugzeuge können auch altmodische Luftschiffe oder hochmoderne Raketen, letztlich sogar Weltraumfähren eingesetzt werden.

Ein immer häufigeres Traumsymbol bei Lebensübergängen ist auch der Kontakt mit dem Weltenraum, sei es durch Weltraumflug, sei es durch den Besuch außerirdischer Wesen auf der Erde. In solchen Symbolen können gänzlich neue Perspektiven, völlig neue Lebensräume, die beim Transit zu gewinnen wären, sich beeindruckend verbildlichen.

Alle Wege, die einen Transit darstellen können, kommen auch in den entsprechenden Träumen vor. Von den Transit-Durchgängen in Flughäfen angefangen, die mit Anschlußflügen in andere Länder verbinden, bis hin zu den Unterwassertunnels, wie sie unter der Elbe oder gar unter dem Ärmelkanal hindurchgeführt werden, dienen solche Wegebilder der Darstellung von Übergangsstrecken: doppelstöckige Highways, Bahnstrecken, aber auch schmale, alte Römerstraßen, die an Schluchten entlang durch die Alpen führen. Vor allem schmale Straßen, die sich an kritischen Stellen gar noch verengen, stellen sehr gut die nicht ungefährlichen Durchgänge dar, dic oft an Geburtskanäle erinnern. Letztlich sind es die großen Bilder vom Eingang und vom Ausgang des Lebens selbst, die hier zum Tragen kommen: die Bilder um Gebären und Geburt, um Sterben und Tod, letztlich Bilder der Transformation.

Im Symbol des verzehrenden und verwandelnden Feuers können sie sich darstellen, als Verwandlungsbad im siedenden Wasser, aber auch als die sanfte Verwandlung des Schmetterlings, der die Larve hinter sich läßt. Nicht ganz unverwandt mit dem Bild eines Schmetterlings ist auch das Transformationssymbol des Engels.

Eingänge und Ausgänge schließlich spielen eine große Rolle in den Träumen der Lebensübergänge: Türen sind es und Tore, Fenster, Luken und Ausschlupflöcher. Schächte führen hinab in die Unterwelt, und über Kaminleitern wird der Ausgang gefunden. Zäune gilt es zu überklettern, Mauern, schließlich Grenzen. Die „Mauer“ als fast unbezwingbares Monument einer gewaltsamen Grenzziehung quer durch die beiden Teile Deutschlands war auch in den Träumen ein Symbol geworden für die gewaltsame Trennung von Zusammengehörigem, und die Flucht über die Mauer wurde immer wieder ein besonders bewegendes Bild für einen Lebensübergang, der eine völlig neue Identitätsfindung verlangte.

Das Bestehen von schwersten Proben, das Ertragen von Schmerzen, die Begegnung mit höchster Gefahr, ja dem Tod, gehören zu den ältesten Symbolen und Ritualen des Lebensübergangs. Begegnung mit Ungeheuern, mit Hexen und Magiern, Tod und Teufeln, ja mit dem eigenen Schatten zählen dazu. Geschichten von Lebensübergängen sind immer auch Geschichten „Von einem, der auszog, das Fürchten zu lernen“. – Dies ist oft alles andere als freiwillig, alles andere als mutwillig gewählt, vielmehr herausgefordert von dem Ruf zur Wandlung, zum Transit, der jeweils bei den Schwellensituationen zu neuen Phasen als der Ruf des Lebens selber an uns ergeht.

Für die Lebensphasen aber, die phasengerechten Übergänge, stehen noch immer die uralten Bilder des Jahreszeitenwechsels samt der jeweils charakteristischen Vegetation von Saat und Ernte, vom Kommen und Gehen der Zugvögel sowie vom Wechsel des Mondes.

Wachsend aber treten die Symbole der fahrplangebundenen Verkehrsmittel unserer Zeit hinzu, der Züge, Busse und Flugzeuge, die man unerbittlich verpassen kann, was jeweils schmerzlich ist und viele Umtriebe mit sich bringt, die aber auch zuverlässig in der neuen Phase wiederkehren, erneut starten, in einem bestimmten Rhythmus, in dem sich die Phasenwechsel des Lebens so anschaulich abbilden lassen, daß sie von den Träumen heutiger Menschen besonders häufig aufgegriffen werden.

Die Lebensübergänge, von denen die genannten Traummotive berichten, bestehen nach van Gennep jeweils aus drei typischen Phasen. Sie geben jeweils genau zu erkennen, in welcher Phase sich der Träumer befindet. Es ist dies zuerst die radikale Abschieds- oder Trennungsphase vom Bisherigen, sodann die schwierige Zwischenphase der eigentlichen Schwellenüberschreitung, während der man weder Fisch noch Fleisch ist, und schließlich die Angliederungsphase, der Neubeginn auf noch ungewohntem Boden, bei dem das Durchlebte dem Neuen integriert wird.

Der Abschied wird bei uns oft nicht ernst genug genommen und nicht gründlich genug vollzogen, deshalb vermögen wir im Neuen auch nicht anzukommen. Auch wir heutigen erleben diese Phasen, indem wir sie aber nicht als das erkennen, was sie sind, als Anzeichen eines völligen Übergangs, überspielen wir sie oft, überspielen oder verdrängen sie, zum Schaden unserer Psyche und unserer Entwicklung. Übergänge deuten sich oft durch eine schleichende Unzufriedenheit an. Wir können nicht länger sein, was wir bisher waren, geraten dann in eine Identitätskrise, die sehr unangenehm sein kann: aber ankommen im Neuen können wir nur, wenn wir sie durchschritten haben.

In archaischen Gesellschaften herrschte die Vorstellung, daß eine Lebensphase nur dadurch beendet werden könne, daß sie ausdrücklich aufgehoben werde. So muß ein Kind zuvor der Kindheit und damit auch seiner bisherigen Mutterbeziehung absterben, ehe es in die Welt der Erwachsenen aufgenommen werden kann. So nahm man die Mädchen und Jungen den Eltern weg, brachte sie in eine Wald- und Bergeinsamkeit – die Eltern sollten sie quasi als gestorben betrachten –, wo sie von den Ältesten ihrer Stämme oft unter Zumutung harter Proben initiiert wurden in die Grunderfahrungen und Gebräuche erwachsenen Frau- oder Mann-Seins. Auch ein Sterbender sollte sich gänzlich von der Welt des Diesseits verabschieden und ebenso von den Seinen verabschiedet werden, ehe er in die Welt des Jenseitigen, der Ahnen, hinübergelangen konnte. Frühe Kulturen faßten das Leben offenbar als einen einzigen Prozeß von ständigen Sterbe- und Geburtsvorgängen auf, begleitet von Riten, die Sterbehilfe und Hebammenfunktion in einem waren (Irmtraut Schäfer) und immer wieder auffallend ähnliche Stadien durchliefen: Aussonderung und Absonderung der Initianten zu dem eigentlichen Übergang, der in harten Erprobungen der Angst- und Schmerzfähigkeit, in Tätowierung, Bemalung und Beschneidung bestand, endlich jedoch die festliche Rückkehr in die Gemeinschaft unter Musik, Tanz und großer Mahlzeit einschloß, verbunden mit neuer Einkleidung, Verleihung eines neuen Namens und der neuen Erwachsenen-Identität. Tod und Leben erfuhr man als archetypische Verschränkungen und symbolisierte sie vielfach in einer Doppelspirale, wobei das eine das andere bedingte, wie Ausatmen und Einatmen einander bedingen. Letztlich sollte diese lebenslange Folge von Schwellenüberschreitungen in die Kunst des Sterbens einüben, vorbereiten auf den Übergang, den man als den gefährlichsten und feierlichsten unter allen betrachtete. Von diesen uralten Ritualen zur Bewältigung der Lebensübergänge ist heute außer den Ritualen der Beerdigung, der Hochzeit und der Taufe wenig übriggeblieben, wenn auch in den letzten Jahrzehnten eine große Sehnsucht samt manchen Versuchen, Rituale wiederzubeleben, zu beobachten ist.

Den heutigen Adoleszenten fehlen solche Rituale offenbar in dem Maße, daß manche der Jugendlichen in der Drogenerfahrung im Grunde Initiationserfahrungen suchen – trotz oder sogar wegen der Lebensgefahr, die damit verbunden ist. Aber auch im positiven Sinn wird die Sehnsucht nach Ritualen vielerorts wieder aufgegriffen: So gestaltet man bewußt neue Übergangsrituale für Jugendliche, beispielsweise in einer Art von Geburtstagsfeier bei der ersten Menstruation der Mädchen; eine Art von Visionssuche in der Wildnis und Bergeinsamkeit für die Jungen, aber zugleich auch für die Mädchen, und dies nicht nur in der Pubertät, sondern auch bei anderen fälligen Lebensübergängen in den verschiedensten

Altersstufen. Von amerikanischen Pädagogen und Psychologen ging die Wiederentdeckung dieser indianischen Form des Übergangsrituals, die sogenannte Vision Quest aus. Sie wird neuerdings auch in Europa eingeführt und praktiziert.

Neue Sterbe- und Begräbnisrituale andererseits, oft tief beeindruckender Art, werden beim Sterben junger Menschen in der Aids-Szene wiederentdeckt. Die Seele braucht offenbar solche Rituale in allen chaotischen Übergangssituationen.

Zu den Lebensübergängen des einzelnen kommen schließlich auch diejenigen der Gesellschaft als ganzer, die dann auch nach einer gemeinschaftlichen Ausdrucksform verlangen. Von großer Aktualität erscheint mir zum Beispiel der Lebensübergang unserer Gesellschaft von einer ausbeuterischen zu einer ökologischen, die die Ehrfurcht vor der Natur (Albert-Schweitzer) wieder erlernt. In verschiedenen unter den archetypischen Träumen, die mir während der letzten Jahrzehnte erzählt wurden, kommt es, nach dem von Menschen durch Umweltschäden verschuldeten Aufruhr der Elemente, zu gemeinsamen Ritualen, in denen die Menschen ihren Gesinnungswandel und ihre Einsicht bekunden und wie in alten Zeiten die erzürnten Götter zu versöhnen suchen: Zu einer Umschreitung, einer Zirkumambulation einer Schale mit Wein – dem uralten Gralssymbol – finden sich die Küstenbewohner der Nordsee zusammen, nachdem sich das verseuchte Meer in Gestalt der „Wilden Anna" zu einer Sturmflut erhoben hatte, welche die ganze Küste zu zerstören drohte. Es ist nicht einfach, die magische Handlung, die hier bewirkt, daß die „Wilde Anna" in ihrem Zerstörungswerk innehält und die Flutwelle zurückzieht, sondern es ist letztlich der Gesinnungswandel der betroffenen Menschen, der sie nach ihrem Frevel zu einer ehrfürchtigen Handlung zurückfinden läßt, in der nicht nur Gralsgefäß und Abendmahlskelch wieder geehrt werden, sondern auch die offene Schale als Symbol des aufnahmebereiten Weiblichen und der Wein als eine „Frucht der Erde und der menschlichen Arbeit", wie es in einer alten eucharistischen Liturgie heißt. Der Wein ist Symbol der Transformation, der Wandlung: Und in diesem ganzen im Traum erscheinenden Ritual steht Wandlung im Mittelpunkt. Der erste solcher Träume wurde von einer damals 38jährigen Frau geträumt.

Im zweiten dieser Träume, von einer 50jährigen geträumt, gilt es, ein Opfer zu bringen, damit der Menschheit nicht auf höchsten Beschluß hin für immer das Wasser entzogen würde, das sie zuvor so sinnlos verschwendet und noch dazu grob verunreinigt habe.

Das Opfer ist zu erbringen in Form von Tränen und Schweiß, also aus der Substanz des eigenen Körpers heraus, mit Schmerz, Trauer und heißem Bemühen verbunden, die Beschädigung des Elements Wasser durch persönlichen Einsatz rückgängig zu machen und sich bis unter die Haut davon betreffen zu lassen.

In einem dritten Traum sieht das Ritual so aus, daß Menschen aller Hautfarben wie von selbst sich zusammenfinden, um eine riesige Menschenkette zu bilden, die zusammensteht, um die Umweltschäden einer ganzen Region – hier ist es pars pro toto die Golfregion – zu bedenken, zu betrauern und, soweit menschenmöglich, zu beheben.

Als sich aus der Mitte des Golfes aber gar noch ein glühender Vulkan erhebt wie eine wütende Reaktion des ölverseuchten Meeres und alles Wasser daran zu verdunsten droht, da wähnen sich die Menschen zunächst endgültig verloren, doch rücken sie in ihrer Verzweiflung noch näher zusammen, beginnen in ihrer höchsten Not zu singen und zu beten, ein jeder in seiner Sprache und nach dem Ritus seiner Religion. Da merken sie auf einmal, daß das verdunstende Wasser des Golfs sich über ihnen zu Wolken sammelt und – destilliert und gereinigt! – auf sie herabzuregnen beginnt. Der Golf füllt sich wieder auf, mit reinem Wasser. Die Menschen umarmen einander und weinen vor Freude und Dankbarkeit.

Es ist nicht untypisch in diesen Jahren, daß wir neben der kollektiven auch der individuellen Ausbeutung gewahr werden, die wir unserer eigenen Innenwelt und Tiefe angedeihen lassen, indem wir alles auf seine Nützlichkeit hin ausheben und uns womöglich selber vermarkten.

Träume beziehen sich wie schon gesagt auf die Dreiphasigkeit eines jeden Lebensübergangs. Träume können nun vor allem das Abschiednehmen von der bisherigen Lebenssituation betonen, indem sie das bisher gelebte noch einmal reflektieren und es bis in seine tiefen Schichten hinein noch einmal durchschreiten – so in dem Traum einer 60jährigen, die das Vergangene wie eine antike Ruinen- und Ausgrabungsstätte schildert, wo es Verschüttetes auszugraben gilt. Sie können aber auch betonen, daß die Situation reif, ja überreif sei, verlassen zu werden, wie in einem Traum jener 40jährigen, in dem es gilt, eine brennende Wohnung zu verlassen. Auch wenn es im Grunde noch etwas zu früh ist, an das neue Ufer überzufahren, vermeldet dies der Traum: indem beispielsweise eine Fähre betreten wird, die kurz nach dem Abstoßen vom Ufer zu sinken beginnt, wobei sich die Mitfahrenden gerade noch durch rechtzeitiges Abspringen retten und heil ans Ufer schwimmen können. Auch zu früh überzufahren, könnte, glaubt man diesem Traum, lebensgefährlich werden.

Andere Träume lassen erkennen, daß man sich gerade mitten im nicht ungefährlichen Vorgang des Überfahrens in eine neue Lebenssituation befindet, in dem ausgesetzten Zwischenstadium, in dem man das sichere Ufer des bisherigen Lebens verlassen und das neue Ufer noch nicht erreicht hat.

So träumt sich ein Mann auf hoher See in einem weißen Frachter: die Farbe weiß kann in diesem Zusammenhang ausdrücken, daß alles anfänglich, alles offen ist, die alte Farbe des Lebens gelöscht, übermalt, die neue aber noch nicht gefunden. Während der Übergangsphase war der Träumer sogar von suizidalen Impulsen heimgesucht, drohte also sein ganzes bisheriges Leben auszulöschen. Ende oder Neubeginn: darum ging es bei dieser Überfahrt auf dem weißen Frachter. Weiß ist streng genommen noch keine Farbe, sondern Ausdruck des noch unausgefalteten Farbspektrums, sie kann Löschung, aber auch Neubeginn zugleich bedeuten. Die Initiationsgewänder der Täuflinge, Firmlinge, Neu-Geweihten und – immer noch – der Bräute sind weiß.

Die Gefährlichkeit des Übergangs spiegelt sich dramatisch auch in einem der Träume, die Ingeborg Bachmann in ihrem Roman „Malina" beschreibt, Traumtexte, die auf wirklich geträumte Träume zurückweisen.

Bereits mitten im Fluß droht den dort Übersetzenden der Untergang, es verschlägt ihnen den Atem, sie schlucken Wasser, der Fluß droht sie wegzureißen, während ein Kind, das auch dabei ist, voller Zuversicht bleibt und währenddessen über ihnen der Mond aufgeht.

Nach aller Psycho-Logik der mir bekannten Träume müßte dieser Traum gut ausgehen. Da er, dessen Kern von wirklich geträumter archetypischer Symbolik ist, in den Roman „Malina" eingeführt ist, in eine Handlung, in der das Roman-Ich scheitert, „läßt" Ingeborg Bachmann auch diesen Traum im Untergang der Übersetzenden enden. Hier hat meines Erachtens die Schriftstellerin bewußt eingegriffen und den Trauminhalt zum negativen Schluß hin, den sie für den Roman vorsieht, verändert.

In diesem Traumbild, das in dem Buch „Malina" auftaucht, ist die uralte archetypische Szene vom lebensgefährlichen Flußübergang vom Traum aufgegriffen, wie er in alten Zeiten war, als es kaum Brücken gab und die Flüsse oft reißend und nicht regulierbar waren. Auch im Seelenhintergrund heutiger Menschen und ihrer Träume taucht die biblisch beschriebene Ursituation und Uremotion jener Übergangsangst auf, die sich biblisch in Jakobs Ringen mit dem Engel ausdrückt, ehe er den Fluß Jabbok zu überschreiten wagt. Wohlgemerkt, es ist so vorzustellen, daß er mit der ganzen Großfamilie einschließlich der kleinen Kinder und der riesigen Viehherden übersetzt, seinem ganzen Besitz. Er mußte offenbar hinüber, da die bisher bewohnte Region den Lebensunterhalt nicht mehr hergab. Freiwillig würde man es nicht wagen, lebensgefährliche Flüsse zu überschreiten, wohl aber in Existenznot.

Die Angst nun, die sich auftut, wenn der Übergang unvermeidlich wird, erscheint jenem biblischen Jakob im Numen oder im Engel jenes Flusses, mit dem er auf Leben und Tod um den Segen ringt, das heißt, um die Gewähr, den Fluß mit all den Seinen heil überschreiten zu können und drüben ein neues Leben beginnen zu dürfen. Im Morgengrauen des nächsten Tages, der Kampf mit dem Engel dauert die ganze Nacht, als das Ringen noch immer unentschieden ist, sagt Jakob das unvergeßliche Wort zu dem Engel: „Ich lasse dich nicht, du segnest mich denn."

Und er bekommt den Segen, den heilen Übergang, ja einen neuen Namen und damit die Möglichkeit eines neuen Lebens auf dem Neuland jenseits des Flusses – doch um den Preis einer ausgerenkten Hüfte. Er hinkt fortan, immer eingedenk seines lebensgefährlichen und lebensrettenden Ringens mit dem Engel. Doch hat er mit dem neuen Namen auch eine neue Identität gewonnen.

Auch diese Geschichte könnte ursprünglich ein großer Traum gewesen sein, der einem einzelnen für sein eigenes Leben oder in Schamanenweise auch für sein ganzes Volk den Weg wies.

Immer wieder finde ich in den Träumen heutiger Menschen, auch wenn sie mit der Bibel nicht mehr vertraut sind, Motive aus dieser archetypischen Jakobsgeschichte – wie aus der ebenfalls archetypischen Exodusgeschichte, dem Durchzug Israels durch das Rote Meer –, wenn es auch bei ihnen in ähnlichem existentiellem Ernst um einen Lebensübergang geht. Eine weitere Dimension gewinnt die Jakobsgeschichte dadurch, daß Jakob jenseits des Flusses nicht nur Neuland, sondern auch die Begegnung mit seinem Bruder bevorsteht, der „drüben" lebt und der ihm wahrscheinlich entgegenziehen wird. Es ist der Bruder Esau, so erinnern wir uns, dem Jakob in seiner Jugend das Erstgeburtsrecht abgelistet hat und dessen Begegnung er deshalb, voller Schuldgefühle, fürchtet.

*Deutung von Jakobs Ringen mit dem Engel

Auch dieses Motiv, die zusätzliche Belastung des Neuen durch das Alte ist typisch, archetypisch und kehrt deshalb in Träumen heutiger Menschen wieder. Auf Neuland begegnet allemal auch das bisher Unbewältigte erneut und verlangt gebieterisch nach Bewältigung, nach Integration, nach Versöhnung, wenn denn das Neue Bestand haben und gelingen soll.

Als Jakob nach dem Ringen mit dem Engel als ein Neu-Gewordener mit neuer Einstellung drüben dem Bruder begegnet, der ihm in der Tat entgegenzieht; da ist das Trennende aufgehoben, sie fallen einander weinend in die Arme, glücklich, einander wiedergefunden zu haben.

Nun sind wir bereits beim dritten Element eines jeden Übergangs angelangt: der Ankunft auf Neuland. So träumt heute, nachdem doch die Grenze zur ehemaligen DDR aufgehoben ist, ein Westdeutscher, er durchschwimme von West nach Ost die Elbe, die so viele zu DDR-Zeiten unter Lebensgefahr vom Osten her durchschwommen haben, um drüben am östlichen Ufer seinem Bruder wieder zu begegnen, dem Bruder, der in der DDR gelebt und den er weitgehend abgeschrieben hatte. Nun quält ihn deshalb ein vages Schuldgefühl, auch weil er ihn, durch die westdeutschen Verhältnisse begünstigt, in seiner beruflichen Stellung, seiner Vermögenslage weit überflügelt hatte, obwohl er doch der Zweitgeborene gewesen war. Auch dieser Traum endet im Sich-Wiederfinden der Brüder, nicht ohne daß der Schwimmer dabei von einem gefährlichen Strudel erfaßt und von dem östlichen Bruder gerettet worden wäre. Es geht hier um die Wiedergewinnung eines äußeren und eines inneren Bruders.

Auch weniger dramatische Übergänge schenken uns die Träume, indem beispielsweise eine Träumerin bei der Überquerung eines wilden Bergbachs die Steine findet, auf die sie treten kann. Als sie schließlich dennoch ausrutscht und von einem der moosbewachsenen Felsbrocken in den Bergbach fällt, da erlebt sie nach kurzem Erschrecken, wie wohltuend frisch doch dieses Wasser ist, gerade nach dem langen Aufstieg an dem langen Sommertag. Sie wird zu ihrem Erstaunen gar nicht weggerissen von dem tosenden Wasser, sondern vermag sich, vorsichtig und aufmerksam balancierend, schließlich auch beherzt springend, an das andere Ufer zu bringen, durchnäßt, aber stolz. Vor Jahren hatte sie, wie ihr jetzt einfällt, den Bergbach mit ihrem Vater zusammen überquert, in dessen Begleitung es nie passiert wäre, daß sie ins Wasser fällt – davon ist sie überzeugt. So ist der Traum auch ein weiteres Stück der Ablösung von ihrem Vater. Wasser bedeutet seelisch symbolisch natürlich immer auch, mit der seelischen Dynamik der unbewußten Energie in Berührung zu kommen. Ohne mit dieser Energie in hautnahe Berührung gekommen zu sein, gäbe es für diese Träumerin kein Weitergehen. Nach dieser Berührung jedoch kann der Übergang von nichts mehr behindert werden. Wasser hat, wenn es in Bächen und Flüssen erscheint, allemal Ströme und Gefälle.

Eine Träumerin beobachtet vom Tal aus einen jungen Mann, der mitten im Bachbett steht, als die Steine, auf denen er festen Halt zu haben scheint, plötzlich ins Rollen kommen. Überaus geschickt und elegant gleitet er fast wie auf Rollschuhen mit den Steinen zusammen ins Tal, ihr entgegen und springt aus dem Bach an der Stelle, von der aus sie ihn mit Sorge und Bewunderung beobachtet hat. Sie empfindet es als eine beglückende Begegnung und schließt den jungen Mann spontan in die Arme.

Nicht in Gestalt ihrer selbst, sondern eines überaus beweglichen jungen Mannes, einer schöpferisch-tänzerischen Brudergestalt ihrer selbst, erlebt sie von ihrem bisherigen Standpunkt aus, daß etwas ins Rollen kommt, aus hochgelegenem Ort, vielleicht aus dem Bereich ihrer Phantasie, zu ihr herabkommend auf die Ebene alltäglich gelebten Lebens. Es ist nichts anderes als ihre eigene körperliche Beweglichkeit, ihre tänzerische Begabung, die jener Träumerin in ihren späten Vierzigern noch einmal jung und neu entgegenrollt und ihr den endgültigen Anstoß zu einem beruflichen Lebensübergang gibt: nun noch eine Ausbildung in meditativem

Tanz zu beginnen. Zugleich hilft ihr diese unerwartet junge, neue Animusgestalt in der Folge zu einer Veränderung ihrer bisherigen inneren Einstellung zu Männern, ihres Interesses, das bisher eher dem väterlich-geistigen Mann gegolten hat. So stellt diese junge Tänzergestalt zunächst ausschließlich eine innere Gestalt, ein inneres Potential in ihr selber dar.

In nächtlichen Träumen setzt sich die Psyche mit quälenden oder auch anspornenden Impulsen aus dem Lebensalltag auseinander, sowohl mit momentanen als auch mit von länger her nachwirkenden. Sie spielt gleichsam Probehandlungen und Probelösungen durch, bis eine auch emotional stimmige Lösung gefunden ist, die bei entscheidenden Lebensübergängen, beispielsweise einer gelungenen Flußüberquerung, einer geglückten Wüstenexpedition, einer heil überstandenen Nachtmeerfahrt gleichen kann.

Erwachen wir in Panik, so sind wir vielleicht zu früh erwacht, zum Beispiel durch äußeren Lärm mitten aus der Traumproduktion gerissen – und es hilft uns nichts anderes, als an dem entsprechenden Problem bei nächster Gelegenheit weiter zu träumen, es auszuphantasieren, bis auch hier eine Lösung gelingt, die die Notlage aufhebt und Neuland auftut. Dies gelingt aber nur beim Durchspielen aller zugehörigen Emotionen im Traum, die auch beim Erzählen und Austauschen von Assoziationen über den Traum, ob wir es nun mit einem Therapeuten oder sonst einer vertrauten Person tun, nicht übersprungen werden dürfen. Die Emotionen bilden gleichsam den energetischen Motor, die energetische Antriebskraft des Traumes. Beim Träumen von Lebensübergängen zeigt sich zudem ganz genau, ob wir noch im angstvollen Zögern vor dem Aufbruch stecken wie die Frau, die aus dem „Vaterhaus" ihrer Ehe heraus in die Offenheit der Wüste gerufen wurde und die aus Angst vor diesem Auftrag im Traum ohnmächtig wurde; oder ob wir mutig, die Bangnis ertragend, uns bereits auf den Weg gemacht haben und nun vielleicht mitten im Übergang, im Transit stecken wie eine andere, die in ihrem Traum im Auto einen Bergtunnel durchfährt, der immer enger wird, und die ihn schließlich zu Fuß, aber bis zu Ende durchquert; ob wir vielleicht erschöpft, aber glücklich drüben auf Neuland ankommen, wie die Träumerin auf frisch gepflügtem Ackerland ankommt, während sie gelassen ihre alte Wohnung dem Feuer überläßt.

Auf eine weitere wichtige Perspektive der Trauminterpretation – wenn wir Jung folgen – sei hier hingewiesen: auf die prospektive, die finale Perspektive, die sich angesichts eines Traumes jeweils fragt: „Wozu ist dieser Traum geträumt, worauf weist er voraus, welche Zukunftsperspektive peilt er an?" und dies im Unterschied zu einer rein retrospektiven Betrachtung, die nur nach dem Warum eines Traumes zurück fragt, danach, aus welchen früheren, vor allem Kindheitserfahrungen heraus, dieser Traum wohl geträumt worden sei. Zweifellos bringt auch die Retrospektive wichtige seelische Erfahrungen oder auch Traumata ans Licht, die sich zum Beispiel mit der jetzigen Übergangssituation wieder aktualisieren, indem sie Gefahren und Unglücksfälle, die bei früheren Lebensübergängen schon erlebt wurden, wieder in Erinnerung rufen.

So konnte der Traum einer Frau, derzeit Ende Fünzig, in dem sie ihr ganzes Lebensgelände anhand einer archäologischen Grabungsstätte freilegt, verstanden werden, der dennoch letztlich auf eine Badestätte hinweist, mit der Vorstellung, daß hier vielleicht in Zukunft wieder Wasser fließen könnte. In diesem Hinweis liegt selbst bei diesem Traum die vorausweisende Perspektive, daß auch in einer alten Ruinenstätte wieder lebendiges Wasser als seelische Energie zu fließen beginnen könne. Sind doch Bilder von Bädern immer Hinweise auf Reinigung, Neuwerdung, wenn auch oft durch ein Tauchbad, ja eine Regression hindurch, so daß es oft unentbehrlich ist, zunächst einmal dorthin zurückzugehen, wo die Entwicklung blockiert wurde. Dies kann in der frühen Phase erfolgt sein, in der manchmal nicht genug Geborgenheit gefunden und aufgebaut werden konnte. Dann heißt es, wie der Traum sagt, dorthin zurückzugelangen durch die Archäologie einer Lebenslandschaft hindurch bis in ein Bad, ehe dann ein neuer Schritt aus der bisherigen Lebensgeschichte heraus auf neuen Baugrund gelingen kann. In diesem Traum wird auch die Wichtigkeit der Szenenfolge innerhalb von Träumen sichtbar: Die Badeszene mit ihrem freundlicheren Gehalt kann in diesem Traum, der zuvor viele grausame Erinnerungen enthält, erst dann entstehen, nachdem in der Szene zuvor ein ernster stiller Betrachter ihrer Lebenslandschaft, ein Therapeut, der sie zunächst noch stört, schließlich doch von ihr akzeptiert wird. Es ist mit der Folge von Traumszenen oft wie mit der Folge von Märchenszenen: Verhält sich das Märchen-Ich – wie beim nächtlich unbewußten Träumen auch – stimmig im Sinne der Märchenhandlung, befolgt es zum Beispiel den Rat des weisen Fuchses, so folgt in der nächsten Szene ein Entwicklungsschritt nach vorne; mißachtet er den Rat seines Seelenführers, des Fuchses im Märchen, so erlebt er in der nächsten Szene einen Rückfall, einen Reinfall gleichsam, wird etwa von falschen neidischen Brüdern in einen Brunnen gestoßen und für lange gefangenengesetzt. So sind die meisten Grimmschen Märchen als Übergangsmärchen zu verstehen, die aus großer Erfahrungsweisheit heraus doch dazu anleiten, die drei Schritte eines jeden Übergangs zu bestehen: die Ablösung, die Schwellensituation und den Neubeginn.

So ist auch die Szenenfolge in dem erwähnten Traum von der „Wilden Anna" zu erkennen: Die Betrübnis und Empörung der Träumerin selbst, die an der Küste die ökologisch gefährliche Ausbeutung der Nordsee wahrnimmt, ruft in der zweiten Szene die großartig rächende Gestalt der „Wilden Anna" auf den Plan, einerseits archetypische Gestalt, andererseits auch die Verbildlichung der Empörungsgefühle der Träumerin, die beim Handeln der „Wilden Anna" innerlich mitschwingt und auf deren Seite ist. Indem die Empörung der „Wilden Anna" auf die durch sie gefährdeten Menschen zurückweist – die Träumerin, selber Küstenbewohnerin, identifiziert sich jetzt auch mit der Angst der möglichen Flutopfer –, kommen die ausbeuterischen Menschen zur Einsicht und formieren sich zu einem Ritual der Versöhnung. Indem sie das stimmig tun, vermag sich in der nächsten Szene auch die „Wilde Anna" zu besänftigen und die von ihr ausgelöste Flutwelle zum Stehen zu bringen, zurückzunehmen. Zugleich folgt diese Szenenfolge unübersehbar der inneren Logik, der Psycho-Logik alter Mythen von der Besänftigung erzürnter Gottheiten durch Bußrituale von schuldig gewordenen Menschen.

So folgt die biblische Jona-Erzählung diesem Muster mit ihrer Parabel von dem Propheten, der einer verderbten Stadt den Untergang androhen soll, der aber dann, als sie ihr Leben ändert und Rituale der inneren Umkehr vollzieht, indem die ganze Kommunität fastet, Verschonung gewährt wird. Träume sind häufig nach dem uralten Muster seelisch archetypischen Erlebens, wie es sich auch in Märchen und Mythen ausdrückt, gestaltet. Der eben erwähnte Jona gehört in den Zusammenhang der Lebensübergänge: wie auch in den Träumen vom Verschlungen- und Gewandeltwerden im Bauch eines Walfisches oder eines anderen Meerungeheuers deutlich wird. Wir erinnern uns: Jona, auf der Flucht vor seinem Auftrag, wird als Schuldiger ins Meer geworfen, dort aber von einem Wal verschlungen und damit zugleich gerettet. Im Bauch des Wals gelangt er nämlich zur Einsicht und Wandlung, ist nun bereit, seinen Lebensauftrag zu erfüllen. Da speit ihn der Wal ans Land, gerade dorthin, wohin sein Weg ihn weist. Von diesem Motiv wird auch heute immer wieder geträumt, wobei jüngere Träumer oft unfreiwillig wie Jona, auf der Flucht vor einem inneren Auftrag für ihr Leben, den sie doch schon vernehmen, in den Leib eines solchen Meerungeheuers geraten, was eine Regression in den Mutterkomplex, eine Sehnsucht zurück in den Mutterleib, auch eine Regression in Sucht und weltfremde Spiritualität bedeuten kann, wobei dann gerade im Leib des Ungeheuers, in Isolation und Leidensdruck, die Einsicht, der Impuls zur Wandlung entspringen kann. Daraus ergibt sich dann früher oder später eine

Befreiung, ein Ausgespienwerden aus dem Leib des Fisches, eine Transformation.

Bei älteren Menschen jenseits der Lebensmitte wird dieser Zugang zum „Bauch des Wals" manchmal aus freien Stücken gesucht und gefunden. Ein Mann um die Fünfzig sucht in einem fast freiwilligen Tauchgang den Wal und dessen Inneres auf. Dies steht in Übereinstimmung mit der Tendenz der zweiten Lebenshälfte, den oft verlorenen Zugang zum Unbewußten wiederzufinden und wieder aufzunehmen, nicht einfach als Regression, nicht als Rückzug in den Mutterkomplex, sondern im Sinne eines neuen Bezugs zum überpersönlichen Mutter-Archetyp, der die Weisheit der Tiefe enthält. In seiner Imagination spürt dieser Mann den Sog in die Tiefe, geht aber nicht gegen ihn an, sondern läßt sich mit hineinziehen in das Maul eines riesigen Wals. In dessen Innerem stößt er auf einen großen, wundersam erleuchteten Raum, der ihn ganz still werden läßt. Er versinkt in Meditation. Später versucht er noch weiter in den Wal einzudringen, wird aber von zum Sperrzeichen gekreuzten Knochen daran gehindert. Er muß auf dem Weg zurück, auf dem er in den Wal hineingekommen ist, und schwimmt gegen den Strom an. Hier in dem Raum des Inneren des Wales hat er eine besondere Kostbarkeit gefunden, eine Perle und eine Taschenlampe, die bedeuten kann, daß ihm im Bauch des Wals „ein Licht aufgegangen ist". Er hält beides fest in der Hand, die Perle und die Taschenlampe, als er aus dem Wal herausschwimmt. Die Taschenlampe weist ihm dabei den Weg.

Das mythologische Motiv eines Lebensübergangs durch den Tod im Wal hindurch ist uralt und reicht weit zurück bis vor die Zeit, in der es schließlich, in späthellenistischer Zeit erst, von der biblischen Erzählung aufgegriffen wurde.

Der Jona-Mythos ist, da in vielen Völkern ohne mögliche Kenntnis voneinander verbreitet, als ein archetypisches Motiv zu betrachten: So hat der Völkerkundler und Forschungsreisende Leo Frobenius die weltweit verbreiteten Geschichten vom Sonnenhelden, der in einem Kästchen oder einer

Arche über das Meer fährt und schließlich in das Meer selbst beziehungsweise in ein Meerungeheuer eintaucht, um erneuert daraus hervorzugehen, unter der Bezeichnung „Nachtmeerfahrt" oder auch „Walfischdrachenmythen" zusammengefaßt, weil eben das Verschlungenwerden durch einen Walfisch oder Walfischdrachen einer der wiederkehrenden Bestandteile dieser Mythen ist. (Leo Frobenius, Das Zeitalter des Sonnengottes, Berlin 1904)

Jung versteht den Mythos vom Sonnenhelden wie auch andere Mythen als „an den Himmel projizierte Psychologie". Der Weg und die Wandlungen der Sonne, die jeden Abend durch ihren Untergang geht, von der Nacht verschlungen wird und am Morgen neu ersteht, werde im Mythos als Weg eines Helden dargestellt, der „nirgends anderswo wohne als in der Seele des Menschen". Gelingt es der „Libido", die in einer auswegslosen Situation vom Unbewußten verschlungen wurde, die Inhalte des Unbewußten jeweils wieder aufzunehmen und sich aus deren Umklammerung zu befreien, so stellt sich das oftmals im Bilde des Ausgespienwerdens durch das Ungeheuer und der Gewinnung einer „schwer erreichbaren Kostbarkeit" dar. Das Ausschlüpfen oder auch Ausgeworfenwerden wiederum ist als ein Akt der Erneuerung und der Wiedergeburt des Bewußtseins zu betrachten (C. G. Jung, Symbole der Wandlung, 1977, S. 376 ff.).

Bei jedem Lebensübergang muß diese „Nachtmeerfahrt" und die Begegnung mit dem Walfischdrachen neu vollzogen werden, muß das bisherige Bewußtsein eintauchen ins Unbewußte, um erneuert und bereichert zurückzukehren und den nächsten Entwicklungsschritt tun zu können. Es geht um ein uraltes Handlungsmotiv durch Sterben und Auferstehen hindurch, das auch von den frühen Christen bald auf Christi Sterben, Unterweltsfahrt und Auferstehung gedeutet wurde, an dem die Christen durch Mit-Sterben und Mit-Auferstehen Anteil zu gewinnen suchten.

Dementsprechend heißt es in einem frühchristlichen Sterbegebet: „Errette, o Herr, die Seele deines Dieners, wie du Jona aus dem Bauch des Wales gerettet hast", und in einem Gebet an Vishnu, einen der Hauptgötter der Hindus: „Wie du die in der Unterwelt befindliche Sonne gerettet hast, so errette auch mich!" (Mircea Eliade, Ewige Bilder und Sinnbilder).

Bei einem südamerikanischen Indianerstamm, den Amorekanern, glaubt man ebenso wie auch bei den Polynesiern im südlichen Ozeanien, daß ein Wal die Seele des Verstorbenen am Horizont verschlinge und sie zum Weiterleben im Jenseits schließlich wieder ausspeie (Frobenius). Im gleichen Sinne träumt ein Sterbender mehrere Nächte hindurch von Moby Dick, dem „furchtbarsten unter den Walen", den, so heißt es in Melvilles Roman, der Mensch nicht zu besiegen vermag. Als er bei Tage mit allen Einzelheiten von diesem Kampf zu berichten beginnt, glauben die Angehörigen zunächst, er sei verwirrt, sei durch den Sterbeprozeß geistig nicht mehr ganz klar orientiert. Erst der Krankenhaus-Seelsorger vermochte die innere Stimmigkeit des Bildes und dieses symbolischen Kampfes einzuordnen und dem Sterbenden damit zu helfen, daß er ihm mitteilte, „daß der Wal ein uraltes Symbol für das Geheimnis des Sterbens und der Wiedergeburt ist" (Hans Christoph Piper in seinem Aufsatz „Jona und die Sprache des Todes" und später in „Gespräche mit Sterbenden", Göttingen 1980, 2. Aufl., S. 164f.). Aus dem Bewußtsein dieses als äußerst nüchtern geltenden Mannes, der beruflich als Finanzbeamter gearbeitet hatte, steht in den letzten Tagen seines Lebens das alte Walfischmotiv auf.

Das rituelle Sterben, das zu allen Initiationsriten gehört, wird beispielsweise in Neu-Guinea dadurch sinnfällig vollzogen, daß sich der Initiand für mehrere Tage und Nächte in einem aus Rohr und Weidenruten geflochtenen Ungeheuer aufhalten muß. Das verschlingende Ungeheuer wird meist zugleich als der Ahnen- oder Stammesgott betrachtet, der vor allem in Ozeanien die Gestalt eines großen Fisches hat, bei den Indianern häufig die eines Bären, in Afrika die eines Krokodils oder eines Löwen (M. Eliade, Mythen, Träume und Mysterien, Salzburg 1961, S. 313). Die Einweihungshütte wird bei diesen

Initiationsritualen der Pubertierenden gelegentlich mit dem Ungeheuer identifiziert, was an den entsprechenden Ritualen deutlich wird: Während die Stimme des Ungeheuers durch Schwirrholztöne vernehmbar gemacht wird, werden die Initianden in den als Rachen gekennzeichneten Eingang hineingetragen. Sie sind dann quasi im Bauch des Ungeheuers. Hier bleiben sie meist drei Tage und drei Nächte, eine Symbolik, die wir sogar noch im christlichen Glaubensbekenntnis von der Auferstehung am dritten Tage wiedererkennen. Drei Tage und drei Nächte kauert in diesem Ritual der Initiand nackt wie ein Kind im Mutterleib. Er wird gezielt in den embryonalen Zustand zurückversetzt. Er darf sich während dieser Zeit nicht bewegen. Im Inneren der Hütte herrscht wie im Inneren eines Walfischbauches eine Finsternis, die dem Dunkel vor der Schöpfung entspricht: „Mit dem Einweihungskandidaten kehrt symbolisch die ganze Welt in die kosmische Nacht zurück, um neu geschaffen, um wiedergeboren zu werden." (Eliade, S. 313).

Die Rückkehr in diese Urzeit gilt als die Rückkehr zu den Ahnen und deren Überlieferungen, in denen alle sozialen und kulturellen Einrichtungen des Stammes sich gründen. Durch Masken sind die Ahnen gegenwärtig. In dieser Absonderung im Bauch des Ungeheuers geht es positiv um die Mysterien von Sexualität, Zeugung, Geburt und Tod, für die Jungen zugleich um eine Einführung in die Magie des Jagdzaubers, für die Mädchen in die urtümlichen weiblichen Tätigkeiten wie Spinnen, Weben, Flechten und Töpfern, die zugleich als heilige Tätigkeiten betrachtet werden. Die Einführung wiederum geschieht durch Gesänge, Tänze und tiefes eigenes Erleben wie zum Beispiel durch reales Begrabenwerden in der Erdgrube wie bei den Dagara in West-Afrika, wobei nur der atmende Kopf außerhalb der Erdgrube bleibt. Es ist ein äußerst qualvolles stundenlanges Erleben, wie Malidoma (in seinem Buch „Der Geist Afrikas"), der als Stammesangehöriger in Burkina Faso die Initiation selber miterlebt hat, beschreibt. Auch bei ihm hat diese Prozedur eine außerordentliche Wandlungserfahrung ausgelöst.

Als gestorben gelten die Kinder, die die Jungen und Mädchen waren, die bis dahin weder vergleichbare Erfahrungen mit Sexualität, Tod noch großer Lebensverantwortung kannten. Wiedergeboren werden die heiratsfähigen und verantwortungsbewußten Frauen und Männer.

Auch diese Rückkehr des Initianden durch Wiedergeburt wird deutlich erlebbar und erfahrbar gemacht: hat doch die Initiationshütte einiger Stämme zwei Öffnungen, eine breite, die den Rachen darstellt und eine ziemlich enge, die den Schwanzteil beziehungsweise die Gebärmutter darstellt, durch die die Eingeweihten sich neu herauszwängen und erneut das Licht der Welt erblicken, wo sie rituell mit einer Waschung, mit Milch, mit neuen Kleidern, ja einem neuen Namen empfangen werden. Rituale machen den Durchgang für Leib und Seele nachvollziehbar, konkret und unter Zeugen, darin besteht ihre Kraft. Auch heute wünschen sich junge Menschen oft, daß man mit ihnen ein Ritual vollziehe, wenn sie sich an einem Lebensübergang befinden. So wünschte sich zum Beispiel eine junge Frau, daß ich ihre Zeugin sei, während sie die Briefe verbrannte, die ihr ein Liebespartner geschrieben hatte, während sie doch jetzt in ihrer Ehe ein Kind erwartete. Sie wollte die Außenbeziehung beenden und brauchte dafür ein Ritual, das diese Einstellung dokumentierte.

Nach Erich Neumann handelt es sich bei den Tod- und Wiedergeburtsritualen immer um ein „matriarchales Wiedergeburts-Mysterium", geht es doch durch den Schoß der Lebens- und Todesmutter hindurch. Das Ergriffensein vom Jona-Mythos kann für einen Mann in der zweiten Lebenshälfte ähnliches bedeuten wie für eine Frau das Ergriffenwerden vom Inanna-Mythos, der aus der frühen sumerischen Kultur stammt. In beiden Mythen bricht eine Sehnsucht auf, die Tiefe des Lebens, zu der auch der Todesaspekt gehört, zu erfahren. Fühlt sich doch Inanna, die strahlende Göttin der Oberwelt, die in der Fülle des Lebens steht, eines Tages unerklärlich angezogen von ihrer Schwester Ereshkigal, Göttin der

Unterwelt, die im Schatten des Todes lebt – und macht sich auf, ihr zu begegnen, bis sie selbst den Tod erleidet, dem in diesem Mythos allerdings ihre Wiederbelebung folgt. Frauen wie Männer erleben den Übergang in die zweite Lebenshälfte als Krise und möglicherweise, begleitet von entsprechenden Mythen und eigenen Träumen, auch heute noch als Wandlung.

2.
Angstträume
Die Angst des Ungelebten, das leben will

Was haben Angstträume und Lebensräume miteinander zu tun? Zunächst stehen sie sich wie Widersprüche in sich selbst gegenüber. Denn: Wo wir Angst haben, haben wir keinen Raum. Da werden uns die Räume eng, verschließen sich gar. Wenn wir vor Angst wie gelähmt sind, wagen wir die neuen Räume nicht zu öffnen, sie nicht zu betreten, selbst wenn wir vor ihnen stünden.

Wie oft bleiben wir in Angstträumen wie gelähmt vor etwas stehen, wagen uns nicht über die Schwelle, weder hinein noch hinaus, so wie jene Frau, die sich in ihrem Traum nicht über die Schwelle ihres Hauses ins Freie wagte, als eine Stimme ihr unüberhörbar sagte, sie solle ihr Vaterhaus und ihre Freundschaft verlassen und in ein Land ausziehen, das ihr verheißen wäre.

Vor ihr lag eine weite, offene Sandwüste. Auch wenn sie die Stimme, die da laut wurde – eine innere Stimme? – an den Ruf an Abraham erinnerte, an den Berufungsruf, war doch die Angst in ihr so groß, daß sie, noch im Traum, ohnmächtig wurde, anstatt die Schwelle zu überschreiten. Anstatt in den weiten Raum auszuschreiten, der vor ihr lag, fand sie sich im Traum, nach dieser Ohnmacht, zurückgeworfen in den Sandkasten ihrer Kindheit, wo ein kleiner Eimer, ein Schäufelchen und verschiedene Förmchen auf sie warteten. Wie hatte die Angst ihre Perspektive verengt!

Und doch: Wie hatte eben dieser Angsttraum auch ihre Lebensperspektive erweitert, welchen weiten Raum bot er ihr doch an!

Zwar läßt sie ihre Angst als Reaktion auf die Zumutung

des Aufbruchs ohnmächtig werden und zurückfallen in die kindliche Enge eines Sandkastens: doch ihre tiefere Angst hat diesen Traum erschaffen, um sie aufzuwecken und herauszurufen aus einem allzu eng gewordenen Lebensraum. Ihre tiefe Angst hat mit diesem Traum ihre Warnfunktion erfüllt und auf die Gefahr hingewiesen, daß ihr Lebensraum zu eng würde, zu eng bliebe, wenn sie jetzt nicht aufbräche.

Die tiefere Angst ist ja die Angst, in ungelebtem Leben stecken zu bleiben, ist die Angst ihres Selbst, sich in wesentlichen Anteilen nicht verwirklichen zu dürfen. So hat Angst, gerade auch die Angst, die sich in Träumen ausdrückt, sehr viel mit unserem Lebensraum zu tun. Selbst noch der kindliche Sandkasten, in den sich die Träumerin zurückgeworfen sieht, als sie den großen Aufbruch über die Schwelle ihres bisherigen Hauses hinaus nicht wagt, ist nicht nur eine Verengung ihres Lebensraums, sondern zugleich die Erschließung eines offenen Experimentierfeldes, das sie auffordert, mit den „Sandkastenspielen" des schöpferischen Kindes, das sie einmal war und das sie noch immer in sich trägt, neu zu beginnen.

So fordern möglicherweise gerade Angstträume dazu heraus, die momentane Enge und die mögliche Erweiterung unseres Lebensraumes zu bedenken.

Zuallererst aber helfen sie uns, unsere meist diffusen und unbewußten Ängste überhaupt einmal zu orten, sie genauer wahrzunehmen, damit wir uns schließlich bewußt mit ihnen auseinandersetzen können. Zuallererst entdecken die Träume Spuren verborgener Wege, damit wir die Räume unserer Angst auch auffinden können, um uns allmählich in ihnen zu orientieren und zurechtzufinden. Schon damit geben sie uns viel. So sind sie letzten Endes weniger zu fürchten als zu begrüßen und mutig anzunehmen.

Der Angst ein Gesicht geben

Der Angst ein Gesicht geben: Hat sie denn kein Gesicht? Oft hat sie kein Gesicht und äußert sich statt dessen in der stummen Atemnot, im Druck auf Brust und Herz, in Schweißausbrüchen, Magenschmerzen, in der nicht mehr beherrschbaren Blase oder auch in einer hartleibigen Verstopfung vor lauter Angst und dem Festhaltenwollen dessen, was sich nicht halten läßt. Hier konkretisiert sich die Angst im Symptom. Es ist möglich, wie wir wissen, hinter dem Symptom das Symbol wieder zu entdecken, und dann sind wir ein ganzes Stück weiter. Dann haben wir ein Gesicht für die Angst, indem wir zum Beispiel das Symptom sprechen lassen: „Wenn Ihr Magen, der so weh tut, jetzt sprechen könnte, was würde er sagen?" Oder es wäre dazu ein Bild zu finden, z. B. für die hinter dem Magenschmerz stehende Angst. Da kann ein Chef zum Vorschein kommen, hinter dem wiederum ein Vater, ein Bruder steht, und über ihnen allen vielleicht ein Gott, der Angst macht. Der Angst ein Gesicht geben, heißt das aber nicht zugleich, den Teufel an die Wand zu malen? Manche meinen das und haben lieber die stumme Angst im Magen oder im Herzen, als den „Teufel" selber zu Gesicht zu bekommen, der aber hinter Herz- und Magenschmerz steht. So lange wir ihn aber nicht zu Gesicht bekommen, werden wir gegen Herz- und Magenschmerzen vergeblich angehen, werden allenfalls eine Symptomverschiebung erreichen. Wenn wir ihn dagegen zu sehen bekommen, den „Teufel an der Wand", dann könnten wir – wie Martin Luther – zumindest ein Tintenfaß gegen ihn schleudern oder, wie Franziskus, die Angst vielleicht als „kleine Schwester" erkennen.

Jedenfalls könnten wir damit beginnen, uns mit der Angst bewußt auseinanderzusetzen. Am schwersten zu ertragen von allen Ängsten ist ja wohl doch die sogenannte freiflottierende Angst, die, ohne ein Gesicht, ja sogar ohne ein somatisch greifbares Symptom, Menschen heimsuchen kann, so daß sie z. B. mitten auf der Autobahn ihre Fahrt unterbrechen und an den Rand fahren müssen, um der Angstattacke Stand zu halten, die unfaßbar um sich greift, einfach panisch. Sie bewirkt, daß man hinter jedem fallenden Blatt, hinter jedem knisternden Knacken etwas Unheimliches ahnt. Auch hier ist es möglich bei freiflottierender Angst, das Unheimliche an ihr ein Gesicht annehmen zu lassen, sie sprechen zu lassen, damit wir das Unheimliche, das uns sonst von hinten anfällt, von vorne sehen; damit wir uns ihm, unter welchen Vorsichtsmaßnahmen auch immer, direkt konfrontieren können. Anders jedenfalls läßt diese freiflottierende Angst sich nicht angehen, nicht behandeln. Es ist möglich, daß mit dem Bannen dämonischer Geister und Mächte und der mit ihnen verbundenen Ängste, indem man ihr Bild auf die Felswand malte oder sie in Masken gestaltete, indem man mit ihnen im geordneten Ritual in Bildern und Masken umgehen lernte, die menschliche Kultur und Tradition begannen: durch das Bannen von freiflottierender Angst. An die Stelle chaotisch ungebundener Ängste traten Gebärde und Ritus, Maske und Bild, trat das Symbol als Gefäß solcher Ängste, als ihr Gesicht, das man anrufen, bitten, beschwören konnte, und man lernte, das gefundene gefährliche Gesicht der Geister und Götter durch Beschwörung, durch Opfer und Gebet in ein freundlicheres, in ein verbindlicheres zu verwandeln. So geschah Angstbannung in früher Zeit, Verwandlung der Angst sogar in Hoffnung auf Gnade.

Angst hängt zusammen mit Enge. So schnürt die Angst oft die Kehle zu, den Hals, und mancher bekommt aus Angst vor einem bevorstehenden Auftritt eine Angina und kann dann nicht auftreten und ohne jede Blamage absagen. Einfach aus Angst dürfte man das in unserer Gesellschaft nicht.

Haben wir nicht alle zu Beginn unseres Lebens die Enge durchlaufen im Geburtskanal, verbunden mit der Bedrängnis, der unbewußten Angst unseres Organismus? Haben nicht viele unter uns Frauen geboren und das neue, in ihnen herangewachsene Wesen durch die anfängliche Enge des Geburtsweges hindurchgepreßt, die sich jedoch weitete, immer mehr weitete, gewiß unter Schmerzen, unter Ängsten, auch Atembeschwerden, und dann eben durch Angst und Schmerz hindurch das neue Leben freigab, was oft genug bei der Mutter ein überwältigendes, mit nichts anderem zu vergleichendes Glücksgefühl auslöste. Vielleicht auch beim Kind, wir wissen das nicht.

Urerfahrungen sind dies: Erfahrungen, daß Angst einen Durchgang anzeigt, einen Transit, keinen Endzustand. Stanislav Grof bringt die verschiedenen Formen der Ängste, die bei Erwachsenen vorkommen, mit den unterschiedlichen Vorgängen und Erfahrungen ihres Geborenwerdens zusammen. Er nimmt das geradezu als eine diagnostische und therapeutische Möglichkeit. Angst gilt es daher immer auf ihr Woher und Wohin zu befragen, zu dem sie das Übergangsgefühl, das Transformationsgefühl darstellt. Auf welche Befreiung hin tendiert die jeweilige Angst, so pflegte ich mich zu fragen. Gewiß, wird man gleich einwenden können, sie sei doch gerade die Angst, in dem Geburtskanal stecken zu bleiben, zu ersticken. Aber auch darin verriete sich noch, würde ich entgegnen, die eigentliche Intention, nämlich die Enge dieser Geburtsöffnung zu durchdringen. Darf man so sagen: Jede Angst ist ein Transitusgefühl, ein Gefühl des Durchgangs durch die Enge, eines gefahrvollen Überganges. Sie weiß um die Gefahr des Steckenbleibens. Der bewußte, der ihrer bewußte Mensch, wird sich vorsehen vor dem Steckenbleiben. Die bewußte Frau wird Vorbereitungen treffen für den Vorgang der Geburt, auch Vorsichtsmaßnahmen, wird eine erfahrene Hebamme zur Seite haben, wird bei zu erwartenden Komplikationen eine Klinik aufsuchen. Sie wird Angst also als warnendes Symbol ernst nehmen, das dazu veranlaßt, Vorsorge zu treffen, Umsicht walten zu lassen, sich möglichst für das Leben förderlich zu verhalten. Ich ermesse gar nicht, was alles an kulturellen Errungenschaften wir dieser Angst, die uns zur Vorsorge bringt, verdanken. Vielleicht fast alles. Die gesunde Angst aber steht, im Gegensatz zur neurotischen, zur habitualisierten, im Zusammenhang mit der Geburt im

Dienst des Lebens. Sie dient der Geburt, nicht ihrer Verhinderung. Gewiß gibt es Frauen, die aus Angst vor dem Gebärvorgang niemals eine Schwangerschaft eingehen oder die mitten im Gebärvorgang aus aufkommender Angst den Prozeß blockieren, doch handelt es sich hier bereits um dysfunktionale, sich verselbständigende Ängste. Ich spreche jetzt natürlich nicht von der begründeten Angst, bei bestimmter körperlicher Konstitution oder gesundheitlicher Verfassung eine Schwangerschaft nicht eingehen zu wollen. Hier kann die Angst ihre natürliche Funktion der Warnung erfüllen. Man wird diese Schwangerschaft nicht unbedingt eingehen. Obwohl ich selber sagen muß: Ich verdanke mein Leben dem Mut meiner Mutter, entgegen einer ernsten ärztlichen Warnung doch ein Kind zu wollen.

C. G. Jung gibt eine sehr interessante Definition der Angst, wenn er schreibt: „Der junge Persönlichkeitsanteil in mir hat Angst, daß er am Leben gehindert werden könnte. Es scheint der werdende Personanteil zu sein, der die Angst hat." Also, so frage ich, steckt hinter aller Angst vielleicht diese Urangst, daß Werdendes in mir, das unbedingt ins Leben gelangen möchte, das Risiko fürchtet und doch weiß, es müsse ins Leben kommen, sonst geschehe eigentlich das Schlimmste, daß nämlich die Entwicklung nicht mehr weiterginge. Angst ist also dazu da, um aufgenommen, auf ihre Warnfunktion hin befragt und durchschritten zu werden auf den nächsten umsichtigen, vorsichtigen und dennoch mutigen Schritt hin, der dem Fortgang des Lebens dient. Oder, wenn Flucht das einzige ist, das dem Leben dient, und es gibt diesen Fall, dann ist die Flucht wahrzunehmen. Das Energiepotential der Angst dient auch zur Verwirklichung einer lebensrettenden Flucht. „Flüchten oder Standhalten", nannte Horst Eberhard Richter in seinem Buch diese Alternative, und bezog sie auch auf das politische Handeln. Diese Funktion der Angst zu erfüllen, verständlich zu machen, dem dienen in erster Linie auch die Träume, die wir in vielen angsterfüllten Nächten träumen; und die als Warnträume, Weckträume oder auch Wahrträume in Erscheinung treten und die alle dies gemeinsam haben, daß sie der Angst ein Gesicht zu geben vermögen. Träume sind, wie nur wenig anderes, wie etwa auch Imaginationen und gemalte Bilder, geeignet, das Gesicht der jeweiligen Angst anschaulich zu machen. Deshalb möchte ich hier einige Charakteristika solcher Träume darstellen. Zunächst einen „Wecktraum". Ich verstehe darunter nicht einen solchen, der uns aufweckt durch seine Schreckbilder, nicht einen, der den Schlaf unterbricht, sondern einen Traum, der uns aufrüttelt für die Lebenssituation, die er darstellt. Unter einem „Wahrtraum" dagegen verstehe ich die seltenen, sehr seltenen Träume, die real wie eine Präkognition etwas vorwegnehmen, was wirklich eintreten kann. Viele Menschen verwechseln Warnträume, Weckträume mit Wahrträumen, indem sie sich fragen, ob das Geträumte nun wirklich eintreten werde: Ob sie oder ihre Tochter nun wirklich, wie im Traum dargestellt, verunglücken könnten. Ein Beispiel für einen solchen Warntraum möchte ich nennen, den die Mutter zunächst oder doch zeitweilig für einen Wahrtraum hielt. Auf den ersten Blick war es ein sehr merkwürdiges Traumbild, das sie, wie sie sagte, kaum verstehen konnte: „In der Badewanne liegend sehe ich auf einmal einen Lichtstrahl, in dem kein geringerer als der heilige Franziskus erscheint. Ein freudiger Schreck durchfährt mich, der aber plötzlich einem tiefen Erschrecken weicht. Ich sehe, daß Franz Blut an den Händen hat und weiß, daß es nicht sein eigenes Blut von irgend einer Verletzung oder so etwas ist. Ich sage sehr erschrocken und fragend: ‚Aber Franz, du hast ja Blut an den Händen!'" Es ist ein Traum, der sie sehr ängstigt, gerade in seiner Rätselhaftigkeit. Warum erscheint ihr der heilige Franz und ausgerechnet er mit Blut an den Händen? Ich befrage sie, wie man das angesichts eines Traumes zu tun pflegt, zu ihren Gefühlen und Assoziationen, zunächst einmal zu Franz. Er ist eine ehrfruchtsgebietende, sehr idealisierte und zugleich liebenswerte Gestalt für sie, Symbol der radikalen Friedfertigkeit und Versöhnungsbereitschaft. Warum gerade er ihr erscheine? Warum gerade er Blut an den Händen habe? Dazu, daß er ihr erscheint, fällt ihr etwas Einleuchtendes ein. Ihre Tochter, Abiturientin, geht in diesen Tagen auf Klassenfahrt nach Assisi, den Ort des heiligen Franz. Ja und was sich für sie damit verbindet? Mit der Klassenfahrt? Ja, sie habe eine untergründige Sorge, ja Angst, sie habe in der letzten Zeit so manches über Busunglücke erfahren. Schon während des Italienjahrs ihrer Tochter, sie hat ihre letzte Kasse auf eigenen Wunsch und Entschluß hin in Rom absolviert, habe sie, die Mutter, von einem Busunglück geträumt, in das ihre Tochter verwickelt war. Und in Wirklichkeit? frage ich. In Wirklichkeit sei damals nichts passiert, gar nichts, antwortet sie. Im Gegenteil, für ihre Tochter sei das Italienjahr offenbar eine sehr gute Zeit gewesen, die ihre Selbständigkeit sehr gefördert habe. „Sollte ich dann jetzt Angst haben, daß meiner Tochter auf der Klassenfahrt nach Assisi etwas passiert?" fragte die Frau plötzlich sehr beunruhigt. Wenn sie doch den Franz mit blutigen Händen träume? Sollte denn er, oder indirekt er, nämlich die Fahrt zu ihm, ein Unglück heraufbeschwören, bei dem er blutige Hände bekommt? Sie fragt das so dringend, daß ich wirklich merke, wie auch mir eine unterschwellige Angst aufkommt, und ich überlege, ob man dem Mädchen von der Klassenfahrt abraten solle. Da fällt mir aber doch ein, wie stark die Angst dieser Mutter mit der Angst vor der Verselbständigung ihrer Tochter verkoppelt ist, und in Verbindung mit der Ablösungsangst der Eltern von ihren Kindern habe ich nun allerdings vielfach die Erfahrung gemacht, daß sich diese Verlustängste auch in Verlustträumen zeigen, in denen die Kinder verloren gehen, verunglücken oder sogar sterben. Sehr viele solcher Träume habe ich erzählt bekommen, verunglückt oder gar gestorben ist keines dieser Kinder. Immer allerdings war eine Ablösung dieser Kinder von ihren Eltern angezeigt, gelegentlich recht schmerzhafter Art, jedenfalls in dieser ersten Phase, die manchmal einem sich Losreißen der erwachsenen Kinder entspricht, gerade dann, wenn sehr enge Bindungen zu den Eltern noch bestehen. Diese Beobachtung teilte ich der Frau mit, die eine Mutter erwachsener Kinder ist, selbst heute Ende 40. Es fiel ihr nun selbst auf, wie sehr gerade die Italiensehnsucht ihrer Tochter, ihre mutigen Unternehmungen in der nicht ungefährlichen Metropole Rom ihre mütterliche Sorge und ihr Bedürfnis zu beschützen wachgerufen hatten. Die Klassenreise nach Assisi bedeutet eine Schulabschlußphase und zugleich, daß die Tochter anschließend endgültig das Haus verlassen wird. Es bedeutet für die Mutter in gewisser Hinsicht, daß sie die Tochter verlieren wird. Die Überlegung, daß in dem Traum vielleicht doch weniger die Angst vor einem blutigen Busunglück als vielmehr vor dem Verlust der Tochter durch Ablösung sich verbergen könnte, tröstet die Mutter zunächst. Es handelt sich wohl doch nicht um einen Wahrtraum, also um eine Vorahnung eines realen Unglücks, als vielmehr um einen Wecktraum, der die bevorstehende Ablösung der Tochter der Mutter bewußt macht und sie drängt, diese Ablösung sich nicht in den Rücken fallen zu lassen, sondern akzeptierend mit zu vollziehen. Insofern macht sie nun der Traum sehr nachdenklich und schreckt sie auf aus ihrer bisherigen Unbewußtheit, was die bevorstehende Trennung von der Tochter betrifft. Die Angstsituation, in der ihr beim Baden in der Badewanne, also einer recht regressiven, entspannten, wohligen, an die Symbiose im Mutterleib erinnernden Situation diese Franziskus-Erscheinung mit den blutigen Händen widerfährt, das bedeutet zumindest, daß er sie mitten in dieser Situation aufschreckt. Es ist aber vielleicht ein sehr körpernahes Bild. Im Bad erleben wir unseren Körper. Diese Frau steht am Beginn der Wechseljahre, ihre Blutung beginnt unregelmäßig zu werden. Blut – aber was soll es an den Händen des heiligen Franz? Eigentümlich bleibt das Bild des heiligen Franz, der Blut an den Händen hat. Wir konnten den Traum noch nicht ganz zu Ende besprechen. Ob es sich da auf der individuellen Ebene auch um einen heiligmäßig erscheinenden Mann handelt, für sie selbst oder auch für ihre Tochter, der dennoch auf irgendeine Weise Blut an den Händen hat, wie ihr der Traum sagt, der in irgendeiner Weise sich schuldig gemacht hat? Die Träumerin lebte bisher eine sehr idealisierte Beziehung, wohl auch platonisch gelebte Beziehung neben ihrer Ehe, die sie aber zur Zeit des Traumes plötzlich zu irritieren beginnt. Das ist ein Hinweis. Oder ob die nur friedfertige extrem versöhnungsbereite Haltung des heiligen Franz, wie die Träumerin sie jedenfalls versteht, ob die asketisch-reine Einstellung auch dem Geschechtlichen gegenüber in ihr an irgendetwas schuldig geworden ist? Daß sie also selbst, subjektstufig verstanden und im übertragenen Sinn, Blut an den Händen hätte. Es wäre für die Träumerin wichtig, diese Frage zu klären, doch benötigen wir sie nicht unbedingt für unsere Frage, inwiefern solch ein Traum ein Wahrtraum sein könnte. Ein Warntraum ist er bestimmt.

Wahrträume gibt es ganz gewiß, wenn auch sehr sehr selten, z. B. den Wahrtraum, von dem Jung berichtet, in dem es um einen Extrembergsteiger geht, der im Traum den Gipfel des Berges überschreitet und ins Leere tritt, ins Leere fällt. Jung warnte den entsprechenden Mann sehr ernst davor, die bevorstehende Bergtour zu unternehmen. Es bestünde laut dem Traum Lebensgefahr für ihn. Ein Wecktraum und Wahrtraum zugleich? Der Bergsteiger verunglückte tödlich auf der entsprechenden Tour. Es geschah vielleicht gerade dadurch, daß er den Anteil an unbewußter Angst und auch Suizidalität, den der Absturztraum enthielt, nicht bewußt wahrnehmen wollte. Träume erweisen sich ja als kompensatorisch zur bewußten Einstellung. Hätte der Bergsteiger sein Potential an unbewußter Angst vor jener gewagten Tour sich selber eingestanden, hätte er sie entweder ganz abgeblasen oder sich doch so vorsichtig verhalten, daß er vielleicht am Leben geblieben wäre – wer weiß.

Ein besonderes Feld für Wahrträume ist andererseits immer wieder die Vorahnung, daß Lebensgefahr droht. Es können auch dann noch Weckträume sein im Sinne dessen, daß z. B. jemand einen Stein, einen Tumor in der Niere, geträumt als nierenförmiger See, entdeckt und dadurch, daß er den Traum ernst nimmt und den Arzt befragt, eine so frühe Diagnose bekommt, daß alles noch gut aufgefangen werden kann. Ich habe das bei einer Patientin erlebt, daß im Traum tatsächlich ein fast unbewußtes Körperwissen zum Vorschein kommt. Es kann auch in der Tat eine Vorahnung des eigenen Todes sein, in der die Angst vor dem Sterben ein Gesicht gewinnt – ein Gesicht, dem sich vielleicht begegnen läßt, so bei einer Freundin, die nach der Diagnose, eine krebsbefallene Galle zu haben, etwas Seltenes, den folgenden Traum träumte: „Eine dunkle Frau, irgendwie dunkel nach Kleidung und Teint, kommt, um mich abzuholen. Ich erschrecke sehr, denn ich weiß auf einmal, wer sie ist und was sie will. Sie ist Schwester Tod – Franz von Assisi hat übrigens auch von „Schwester Tod" gesprochen – doch als ich sie genauer anblicke, merke ich, daß sie auch etwas Vertrauenerweckendes an sich hat. Ihr Dunkles hat auch etwas von der Erde, etwas Warmes. Vor allem aber überrascht mich ihr Hut. Er ist ganz bunt und hat etwas Abenteuerliches an sich."

Die Träumerin, derzeit 56, ahnt, daß sie sich von ihrer Krankheit nicht mehr erholen, daß sie daran sterben wird. Doch der Traum gibt ihrer Angst vor dem Sterben ein Gesicht, ein menschliches Gesicht, ein weibliches Gesicht. Es ist ein Gesicht, das ihr die Angst vor dem Sterben erträglich macht. Dazu kommt das erdhafte Dunkel der Frau, das in der erdverbundenen Träumerin eher Vertrauen als Panik aufkommen läßt. Auch wenn es in ihrer Assoziation an Gartenerde und auch an die Erde des Grabes erinnert. Der Hut schließlich hat etwas an sich, was die Träumerin, die selber künstlerisch und gestalterisch tätig ist, sehr anspricht. Die vielen Farben dieses Hutes, seine originelle Form – sie spricht auf so etwas an – geben ihr das Gefühl, daß diese Frau ihr nicht ganz fremd ist. Eine Frau, die solch einen Hut trägt, muß auch Sinn für das Außergewöhnliche, ja für das Abenteuerliche haben, sagt sie. Und so konnte die Träumerin ihrem Sterben, das nur wenige Wochen später auf sie zukam, mit einem gewissen Vertrauen, ja sogar der Erwartung einer außergewöhnlichen Erfahrung, entgegengehen. Dies war ein echter Wahrtraum. In der ernstesten Situation und angesichts der ernstesten Angst, der Todesangst, geträumt. Er diente, wie wir sehen, nichts anderem als der Bewältigung der Angst.*

Nun kennen wir alle vielfältige Angstträume in alltäglicheren Situationen. So träumt z. B. ein Mann Anfang 50, der mit seiner zweiten Frau und seinen Kindern, Schulkindern noch, einen Umzug in eine andere Stadt plant, einen Warntraum. Aus unterschiedlichen, ihm plausiblen Gründen, gute Schulsituation für die Kinder, gute berufliche Chancen für ihn selbst, einem Freiberufler, und für seine Frau, zieht es ihn in seine ehemalige Heimatstadt zurück. Er ist innerlich praktisch schon entschieden, dorthin zu gehen und müßte nun wegen einer Wohnungschance auch äußerlich rasch zur Entscheidung kommen. Da träumt er: Ich sitze auf einem Schaukelpferd, das lustige Sprünge macht. Es bewegt sich so, als trüge es einen Motor in sich und belustigt die Leute. Auf einmal merke ich, daß ich ganz in die Nähe eines Friedhofs gekommen bin. Ich springe vom Schaukelpferd ab, mit dem Gefühl, einer großen Gefahr gerade noch entronnen zu sein.

Er wundert sich zunächst sehr über die Situation: sich als Mann in den Fünfzigern auf einem Schaukelpferd vorzufinden, das sich wie automatisch, verselbständigt also, fortbewegt und die Leute belustigt. Sicher belustigt es die Leute, das Kinderschaukelpferd mit einem 50jährigen Mann darauf durch die Stadt springen zu sehen. Eine komische, eine nicht zur Realität eines 50jährigen passende Situation, das fällt ihm als erstes auf. Von seinem Alter her scheint hier etwas phasenverschoben zu sein. Die Gründung der neuen Familie, zu der der Umzug gehört, die Einstellung auf junge Schulkinder gehört lebensphasenmäßig meist in einen früheren Abschnitt, was er wohl weiß. Warum wohl hat er sich hier noch zu dieser Einheirat entschlossen? Dazu schaukelt das Ganze, muß sich da etwas einschaukeln, ausschaukeln, sogar aufschaukeln? Zum Schaukelpferd fällt ihm ein, daß es sich um das Schaukelpferd seiner Kindheit handelt, ein Lieblingsspielzeug, das ihm bei der Zerstörung der elterlichen Wohnung im Bombenkrieg ver-

 * Papas Traum im Krankenhaus

loren ging. Dinge, denen er nachtrauert, ein Stück verlorener Kindheit, wird in diesem Traumbild als Hintergrund dafür sichtbar, daß es ihn in die Heimatstadt zieht. Sollte er diesen Umzug in die Heimatstadt wirklich realisieren, würde er mit einem Teil seiner Lebensgeschichte, einem glücklichen und auch besonders schmerzvollen, wieder zu tun bekommen. Ehe er sich's versieht, ist er mit seinem Schaukelpferd in die Nähe des Friedhofs gekommen, wo seine beiden Eltern begraben liegen. Auch dies ein Grund, der ihn einerseits anzieht, er pflegt die Gräber treu, der ihn aber auch plötzlich sehr belastet und ihm schier auf den Kopf fällt, so daß er jählings vom Schaukelpferd abspringt. Den Vater hat er früh auf tragische Weise während des Kriegsgeschehens verloren. Als Mutters Einziger hatte er eine belastete Kindheit. Er trug mit ihr und an ihr, wurde allzufrüh mit der Lebenslast seiner verwitweten Mutter und der Verantwortung für ihr seelisches Wohlergehen beladen, während sie sich mit allen Kräften für sein leibliches Wohlergehen sorgte, ihm aber nicht erlaubte, Fußball zu spielen. Eine Geschichte, die viele ähnlich erlebt haben, gerade in der Nachkriegszeit. Alles, was ihm aus dieser lebensgeschichtlichen Konstellation und Prägung erwuchs, bis hin zu einer ersten gescheiterten Ehe, die auch in seiner Vaterstadt seinerzeit geschlossen wurde, stieg in dem Traum emotional in ihm auf und machte ihm plötzlich enorme Angst, während er auf dem Schaukelpferd seiner Kindheitssehnsucht und der Nostalgie seiner Erinnerung durch die Stadt seiner Kindheit und Jugend ritt. Eben noch vor dem Friedhof sprang er ab, eben noch, ehe die Erinnerung ihn einholte und vielleicht mit ins Grab zu ziehen drohte. Nach diesem Traum fühlte er sich in der Tat aufgeschreckt, aufgeweckt aus seiner Phantasie, die nicht mehr zu ihm paßte, und er fühlte sich ernstlich davor gewarnt, wirklich in jene Stadt zurückzukehren. Jedenfalls, so fügte er einige Zeit später hinzu, wäre es dann wirklich gefährlich, wenn er in der Naivität seines Schaukelpferdrittes das alte nostalgische Heimweh sprechen ließe, ohne sich noch ein letztes und entscheidendes Mal um die Trauer und Verarbeitung des dort noch hängenden und Verlorenen einschließlich seiner Eltern und der früheren Ehe zu bekümmern. Eine Warnung, wieder in seine Vaterstadt zu ziehen, entnahm er dem Traum, und bis heute, viele Jahre später, ist er nicht dahin gezogen, hat sich statt dessen noch einmal gründlich mit seiner Lebensgeschichte auseinandergesetzt.

Warnträume, Weckträume sind dies also, klar in ihrer Funktion, wenn man den Inhalt erst einmal aufgeschlüsselt hat. Darüber hinaus gibt es aber noch Träume mit ausgesprochen ängstigendem Inhalt, die einen auch mit großer Angst, ja Panik, erwachen lassen. Wir sprechen von Alpträumen. Wie steht es mit ihnen? Welche Funktion haben sie? „Ein Gnom kommt die Wendeltreppe herauf in das Turmzimmer, in dem ich schlafe", so träumt eine 18jährige. „Eine schwarze Frau steigt über das Dachfenster bei mir ein", träumt eine 35jährige. „Ich versuche, sie mit dem Besen vom Dach zu stoßen, mehrmals, sie lacht nur ein höhnisches Lachen, das mich schaudern läßt, und kommt trotzdem herein." Dann brechen diese Träume ab, ohne Lösung, ohne Lysis. Und auf diesem Abbruch des Traumgeschehens, der Traumarbeit durch eine den Körper so stark durchfahrende Angst, daß sie weckt, beruht zu einem guten Teil auch das Phänomen des Alptraums, aus dem man mit unaufgelöster heftiger Angst erwacht. Die körperliche Angst weckt, und der Traum kommt nicht zum Ende. Das Traumgeschehen hat nicht bis zu einer Lösung aufgearbeitet werden können, worauf sich an sich jeder Traum hinbewegt. Es sind abgebrochene Träume: Deshalb diese offene, panische Angst, die sie hinterlassen. In den beiden angedeuteten Träumen ginge es darum, die schwarze Frau, die andere Seite des träumenden Ich, bzw. den Gnom, dessen gnomenhafte Seite, wohl auch eine sexuelle Phantasie, anzuschauen und einzulassen, um sich eines Tages schließlich mit ihnen auseinandersetzen oder zusammensetzen zu können – als mit Spielarten der „kleinen Schwester Angst". Sie klopfen an, um gesehen und aufgenommen zu werden, wie der Frosch im Märchen vom Froschkönig an die Tür des Schlosses klopft.

In diesen Gestalten, Gnom oder schwarze Frau, hat eine bisher unbewußte Angst bereits ein Gesicht angenommen. Ein Gesicht, mit dem man sich konfrontieren könnte. Täte man es, dann kämen die Träume zu einer Lösung, und die Schläferin müßte nicht mehr in panischer Angst erwachen. Alpträume können auch sehr direkt den Alp abbilden, irgendeine Schreckgestalt, die einem auf der Brust hockt, die bisher ungreifbare Angst gemacht hat – ob es nun die Schwiegermutter ist oder eine zauberhaft faszinierende junge Frau –, beide nahmen den Männern, die von ihnen träumten, gleichermaßen den Atem. Immer gilt es, sich diese Gestalten und die eigene Beziehung zu ihnen genauer anzuschauen. Dann pflegen solche Träume aufzuhören, weil sie ihre Funktion erfüllt haben. Es kommt bei Angstträumen, meiner Beobachtung nach, sehr darauf an, wie sich die Träumerin oder der Träumer dem vorerst so sehr angstmachenden, aber offenbar Unvermeidlichen stellt. Eine junge Frau, 24, träumt, sie selbst werde in Gestalt eines jungen Kalbes geschlachtet, eher geschächtet. Das Blut läuft in Strömen aus. Das Bild, der Vorgang erschreckt sie zutiefst, entsetzt sie. Und doch hat sie irgendwie das Gefühl, daß dennoch alles mit rechten Dingen zugehe. Sie hat vor einiger Zeit ihren ersten nahen Partner durch dessen Herzinfarkt verloren und ist in einem gewaltigen Umbruch. Es war zuvor eine Jugendliebe gewesen, vergnügt und ausgelassen. Es kommt ihr vor, so sagt sie im Gespräch über den Traum, als werde „das Kalb in ihr", also die kindlich-jugendliche Gestalt, hingeopfert, zum Opfer gebracht. Ja, aber wofür, wozu, so fragen wir uns. Fast ohne nachdenken zu müssen, sagt die Träumerin dazu, es ist nötig, damit die erwachsene Frau kommen kann. Es war für sie ein Lebensübergangsindiz, es galt Abschied zu nehmen von ihrer Jugendgestalt, auch der Jugendgestalt dieser Beziehung. Es fiel ihr ein, daß im Schweizerischen die Redensart umgeht, die auch sie selber oft verwandt hat, nämlich: „das Kalb machen", das heißt übermütig herumzualbern, wie ein junges Kalb zu sein – eben: das Kalb zu machen. Sie stimmt dem Opfer ihrer Jugendgestalt innerlich zu, und darauf beruht die relative Gelassenheit, mit der sie das schreckliche Traumbild anschauen kann. Sie sieht da nun vor Augen, was sie innerlich schon ahnt.

Ganz anders ist es bei einem Mann, Mitte 40, der ein sehr ähnliches Motiv träumt, auch ein Schweizer, der die Redensart „das Kalb machen" kennt. Auch er sieht im Traum, daß ein Kalb geschlachtet werden soll, von dem er weiß, daß er es zugleich selber ist. Das gibt es ja in Träumen, diese Doppelgestalt von einem selbst. Für ihn aber geht das ganz und gar nicht mit rechten Dingen zu. Er gerät in Panik bei der Vorstellung, wehrt sich als das Kalb mit allen Vieren, doch je mehr er sich wehrt, desto mehr sieht er von allen Seiten her Schlachtmesser auf sich zukommen. Er ist gefährlich eingekreist von ihnen, weiß, daß er ihnen auf gar keinen Fall entkommen kann. Er fühlt sich verloren und erwacht in heller Panik. Gerade vor dem Hintergrund jenes motivverwandten Traumes der jungen Frau können wir verstehen, was hier geschieht. Der Mann mit seinen 44 Jahren in einer viel späteren Lebensphase als die 24jährige – sie in der ausklingenden Adoleszenz, er im mittleren Erwachsenenalter –, wehrt sich verzweifelt gegen das bei ihm überfällige Opfer seiner Jugendphase, des „Kalbes", der Einstellung, die immer wieder „das Kalb macht". Die Abwehr aber eines lebens- und entwicklungsnotwendigen Schrittes, der natürlich ängstigt, steigert hier die Angst zur Panik und treibt, in den entsprechenden Traumbildern, die sich immer noch vermehrenden und ihm unabwendbar entgegenstarrenden Schlachtermesser hervor. Nur bei Einwilligung in das hier überfällige Opfer der Jugendgestalt, des „Kalbes", bei Durchschreitung der Angst also, könnte das Traumbild nach meiner Erfahrung sich wandeln. Auch hierzu fällt mir wieder Jungs Vorstellung ein, die Angst eines Menschen sei zugleich die Angst seines neuen Persönlichkeitsanteils, der nicht zum Leben kommen könne. Hier müßte der altgewordene Jugendanteil des Mannes sterben dürfen, damit das Selbst des erwachsenen Mannes voll hervortreten könnte. Vordergründig hat in diesem Traum der altgewordene Jugendanteil panische Angst davor, geopfert zu werden. Hintergründig entspringt dieses ganze Traumbild dem werdenden Selbst des Mannes, dessen Angst, nicht zum Leben zu kommen, so lange dieses überfällige „Kalb" das Selbst des Träumers beherrscht. Ein Wecktraum ist es.

Zuletzt möchte ich noch einen Traum mitteilen, der viele Aspekte der Angst vereint und abbildet, der irgendwie typisch für Angstträume ist.

Die Träumerin, Anfang 50, ist in einer Wüste. Es ist Nacht, kalt, sie ist schlecht ausgerüstet, weiß nicht, wo sie sich eigentlich befindet; sie weiß zwar genau, daß noch weitere Menschen mit ihr in der Wüste dabei sind, doch ist es ihr unmöglich, zu ihnen Kontakt aufzunehmen, weil sie eine ihr fremde Sprache sprechen. Endlich beschließt sie, den gottverlassenen Ort, an dem sie sich befindet, hinter sich zu lassen und die anderen Menschen zu suchen. Als sie aber versucht, die Stelle zu verlassen, an der sie ist, wächst ein Zaun um sie empor. Zunächst empfindet sie ihn einen Moment lang als Schutz gegen den Wind und den wehenden Sand, sozusagen als „Gewinn". Dann aber spürt sie wieder ihre Einsamkeit hinter dem Zaun und versucht auszubrechen. Doch, wo immer sie auszubrechen versucht, wachsen neue Zäune empor, sie erwacht mit einem Gefühl ohnmächtigen Ausgesetzt- und zugleich Gefangenseins und vor allem in großer Angst. Aufzuwachen aus einem Angsttraum bedeutet ja immer zugleich eine momentane Erleichterung unter der Vorstellung: „Es war ja nur ein Traum" und doch eben auch ein echtes Aufschrecken: „Schau hin, so ist die Situation." Die Situation ist wahrhaft beängstigend und enthält viele Elemente, die Angst charakterisieren. Sich in einer Wüste zu befinden, einer Situation also, die sich nicht überschauen, nicht mehr einfach bewältigen läßt, in der es zunächst keine Orientierung gibt, ist eine Lage, die Ohnmachtsgefühle aufkommen läßt. Das löst Angst aus. Dann ist das Leben der Träumerin direkt bedroht. Sie ist sehr schlecht ausgerüstet für die Wüste. Es ist dunkel, kalt. Schließlich ist die Kommunikation gestört, allein schon durch die fremde Sprache der anderen Menschen, vor allem aber durch ihre Unauffindbarkeit. Als die Träumerin immerhin einen letzten Versuch unternimmt, sich aus der unerträglich werdenden Angst, Ohnmacht und Isolierung zu befreien, wird sie durch das Aufwachsen der Zäune festgehalten, was sie einen Moment lang sogar als Schutz erlebt, als „Krankheitsgewinn", um sich sodann als hilflos Gefangene hinter immer mehr von selbst aufwachsenden Zäunen zu erleben. Es kommt eine so starke Angst, ja Panik in ihr auf, daß sie daran erwacht.

Was ist hier die ängstigende Lebenssituation, die sich in diesen Traumbildern ja nur abbildet und daher dringend angesehen werden muß? Die Frau ist in einer jahrzehntelangen festen Beziehung, einer Ehe, quasi gefangen, die sie, auch um der gemeinsamen Kinder willen, keineswegs aufgeben möchte. Sie hängt an der Kontinuität der Beziehung, auch wenn sie dadurch in eine wüstenartige Lebenssituation geraten ist, abgeschieden von aller Kommunikation nach außen. Ihr Mann ist zudem extrem eifersüchtig, hält sie von Kontakten nach außen ab, auch wenn in ihrer beider Beziehung derzeit nichts mehr wächst, sondern wüstenartige Öde eingekehrt ist. Wagt sie dennoch, wenigstens in der Phantasie, einen Ausbruchsversuch zu machen, Hilfe und Kontakt zu anderen zu suchen, so wachsen, wie wir sehen, automatisch und wie von selbst immer neue Zäune hoch, die, nachdem sie einen Moment vor der Ausgesetztheit des Weitergehens zu schützen scheinen, sich schließlich endgültig als Gefängnis erweisen, als lebensgefährliches Gefängnis. Die Träumerin selbst „läßt sie" ja aufwachsen. Ein Wecktraum ernstester Art ist dies! Beim Ausphantasieren dieser Zäune, z. B. auf die Frage hin, was diese Zäune wohl sagen würden, wenn sie sprechen könnten, zeigt sich ihre eigene Tendenz, sich in dieser Situation festzuhalten. Es ist nicht nur ihr Mann, es sind diese Zäune, die sie – nach ihrer Sicht – festhalten. Hierin steckt eine Tendenz, die jetzt lebensgefährlich geworden ist. Das zeigt ihr dieser Wecktraum unmißverständlich. Doch steht auch hier die Angst im Dienst des Lebens, wie die physiologisch begründete Angst im Dienst des Lebens steht, die z. B. den Winterschlaf eines Igels unterbricht, ihn aufschreckt, wenn die Temperatur so tief sinkt, daß er weiterschlafend erfrieren müßte. Unter der Angst jedoch, die ihn aufschreckt, beginnt er sich zu bewegen und kann dann einen fürs Überleben günstigeren Platz aufsuchen. Es gibt so etwas auch im seelischen Erleben. Das also hat es mit der Warnfunktion der Angst auf sich.

Wie können wir sie psychologisch verstehen? Angst bedeutet, so möchte ich formulieren, von einer Gefahr ergriffen zu sein, ob sie nun von außen oder von innen kommt, ob sie real oder psychisch ist, das spielt keine Rolle. Das Angstgefühl zu haben, bedeutet in jedem Fall, von einer Gefahr ergriffen zu sein. Angst zu haben, bedeutet zugleich, einen betont unangenehmen Erregungsanstieg im Körper zu erleben, bestehend aus Zittern, Enge, Herzklopfen, Schweißausbrüchen und so weiter. Hier übrigens, an dieser real im Körper sitzenden, im Körper sich ausbreitenden Angst, setzen die Körpertherapien mit ihrer Angstbehandlung ein. Habituell gewordene Angst kann sich ja in vielfältigen Verspannungen des ganzen Körpers ausdrücken und ihn von da aus immer stärker beeinträchtigen. Atemtherapie z. B., wie sie von Ilse Middendorf entwickelt wurde, kann hier wunderbar und direkt entgegensteuern, ebenso wie manche andere Körpertherapieformen. Angst kommt ja regelmäßig auf in komplexen mehrdeutigen Situationen, die große Verunsicherung auslösen. Die Komplexität der jeweiligen Situation rührt aber oft daher, daß frühere angstmachende Situationen, auch Kindheitssituationen, auf die jetzige Situation übertragen werden, so daß sie dadurch bis zur Unerträglichkeit und weit über den aktuellen Anlaß hinaus mit Angst besetzt wird. Hier setzen die tiefenpsychologischen Schulen mit ihrer Angstbehandlung an. Sie suchen eine ähnliche angstmachende Situation in der früheren Lebensgeschichte auf, suchen sie durch Erinnern, Imaginieren, auch Nachspielen, nochmaliges Durchleben und Durcharbeiten bewußt zu machen, zu entladen und zu entschärfen und damit von der aktuellen Angstsituation abzulösen, damit diese in ihrer zunächst unauflösbar scheinenden Komplexität entflochten werden kann. Angst machen vor allem auch solche Situationen, die dem Betreffenden zunächst keine Bewältigungsmöglichkeit mehr offen lassen und damit als Zwangslagen erscheinen, die einfach nicht mehr zu bestehen sind. Hier setzen die verhaltenstherapeutischen Schulen mit ihren Programmen von kleinen, wohldosierten Lern- und Übungsschritten ein, die solche als ganze zunächst nicht mehr zu meisternde Situation aufgliedern, aufdröseln und auch die mit ihr verbundene Angst in kleine bestehbare Quanten aufzuteilen und anzugehen versuchen.

Ein radikaler, aus der Verhaltenstherapie weiterentwickelter Schritt ist das sogenannte Flooding, das ebenfalls lehrt, der Angst ins Gesicht zu sehen, z. B. eine Spinne, eine Schlange, vor der man sich fürchtet, anzufassen, eine vom Verkehr vibrierende Brücke zu überschreiten, also gerade das zu tun, wovor man am meisten Angst hat, und sich zunächst in Begleitung des Therapeuten der „Überflutung" (flooding) durch Angst, die damit aufkommt, zu stellen und dabei zu erleben, daß der Angstpegel nach einiger Zeit unweigerlich von selbst wieder nachläßt. Der Körper kann die extreme Angstspannung nur eine gewisse Zeitlang aufrecht erhalten, und so kommt es zu diesem merkwürdigen Erlebnis, daß man die entsprechend grauenerregende Situation überleben kann und überlebt hat. Sie ist zu bestehen, und langsam setzt unter diesem Eindruck eine Desensibilisierung ein. Das ist eine radikale Therapie, die im Moment sehr aktuell ist. Ich habe mir noch kein endgültiges Urteil über sie gebildet. Sie mutet mich aber in mancher Hinsicht auch grausam an.

Angst hängt zutiefst mit dem Gefühl der Hilflosigkeit zusammen, Hilflosigkeit wiederum löst den Impuls überhaupt erst aus, Hilfe und Helfer zu suchen. Hier ist der Punkt, an dem überhaupt Therapie gesucht wird. Daß Psychotherapie überhaupt entstanden ist, verdanken wir vielleicht auch der

Angst. Für alle therapeutischen Schulen und ihre Angebote der Angstbewältigung gilt, daß alles darauf ankommt, die therapeutische Beziehung und die aus ihr bestehende Behandlung so zu gestalten, daß Hilfe zur Selbsthilfe aus ihr erwachsen kann, indem der „innere Therapeut" auch im Hilfesuchenden geweckt wird und es nicht zu der fatalen Konsequenz führt, daß die Fähigkeit, Hilfe zu schaffen und Angst zu überwinden, dauerhaft auf den Therapeuten, die Therapeutin projiziert bleibt mit der Folge, daß der Patient immer hilfloser wird, sich immer abhängiger fühlt und letztlich dann auch deshalb unentwegt neue Angst entwickelt. Dies wäre ein fataler Zirkel, den wir sehr wohl im Auge behalten müssen. Angst setzt auch immer angesichts eines Verlustes ein, wobei diese Verlustangst weitgefaßt zu verstehen ist. Sie betrifft sowohl drohende wie auch bereits eingetretene Verluste, reale Verluste in der Außenwelt wie auch immer wieder den Verlust von Selbstwert und Identität, der ja mit den realen Verlusten oft gekoppelt ist, z. B. beim Verlust des Vermögens, der Habe, der Arbeit, der Stellung oder gar eines nahestehenden Menschen. Solche Verluste treffen den Selbstwert ungeheuer, ja die ganze Identität. Der Grad der auftretenden Ängste hängt immer auch mit dem Modus unseres Selbstwertgefühls zusammen, wie stabil oder labil unsere Identität und unser Selbstwert beschaffen sind. Hiermit hängt es zusammen, daß die tiefenpsychologischen Schulen primär auf Identität und Selbstwert achten und hieran arbeiten, auch wenn zunächst die Angstproblematik und Symptomatik des Klienten im Vordergrund stehen. Hierauf beruht auch die Überzeugung der tiefenpsychologischen Schulen, letztlich doch nur über die therapeutische Arbeit an Identität und Selbstwert gründlicher an die Wurzeln von Angst heranzukommen, als es bei bloßer, direkter Behandlung der Angstsymptomatik möglich wäre. Gewiß läßt sich eine solche tiefenpsychologische Arbeit am Aufbau von Identität und Selbstwert gerade bei Frühgestörten langwieriger an als eine verhaltenstherapeutisch angesetzte Arbeit am manifesten

Angstsymptom, die ich jedoch als Vorarbeit in keiner Weise unterschätze. Noch gründlicher als die tiefenpsychologische Arbeit am Selbstwert setzt die Arbeit am Selbst an, am Aufbau einer Ich-Selbst-Achse, die letztlich, wenn man den Begriff des Selbst so weit faßt wie Jung, auch den Bezug zur Transzendenz enthält. Hier setzt die Jungsche Psychologie, aber auch die transpersonale Psychologie an. Es geht letztlich um den Bezug des Menschen zur Transzendenz, die allein das angstvoll vereinzelte Ich eines jeden Menschen, nicht nur das eines Angstkranken, zu bergen und zu umfassen vermöchte. In diesem Sinne arbeiten die Jungsche Psychologie, aber auch die neuen Richtungen der transpersonalen Psychologie an einer Einbettung der Existenzangst in ein tieferes Vertrauen, letztlich in das Sein selbst. Angst wäre also nicht dazu da, um beseitigt zu werden, sondern um so aufgenommen zu werden, daß sie ihre Hebammenfunktion erfüllen kann bei der Geburt unseres wahren Selbst. Extreme Angstbereitschaft läßt darauf rückschließen, daß beim Patienten oft noch gar kein kohärenter Ich-Komplex gebildet werden konnte und infolgedessen wahrscheinlich auch nur ein sogenanntes Not-Selbst oder falsches Selbst vorhanden ist, eine von irgendeiner Autorität noch abhängige, abgeleitete Identität, keine eigene. In diesem Zusammenhang gibt Jungs Formulierung über den tiefsten Hintergrund der Angst erneut zu denken. Angst als die Angst eines jungen Persönlichkeitsanteils in mir, daß er am Leben gehindert werden könnte. Es wäre die Angst des werdenden Kindes in mir, an seiner Geburt gehindert zu werden, oder auch die Angst des Selbst-Kernes in mir, des Kernselbsts in statu nascendi, daß es sterben könnte, ehe es geboren ist.

Ähnliches sagt der Traum einer Frau an der Schwelle zu ihren Wechseljahren, die sie vorerst fürchtet. „Ich sehe eine Tonfigur. Beleibt, mit vollen Brüsten, breiten Schenkeln, eine Frau, die den frühen Göttinnenfiguren der alten Kulturen gleicht. Ich betrachte diese Figur, die mich jetzt anzieht, erinnere mich aber, daß ich selbst bisher diesen Figuren als Frau niemals habe gleichen wollen. Ich habe viel getan, um mir eine jugendliche Figur zu erhalten. Im Traum aber nehme ich die Tonfigur nun liebevoll in die Hand, hauche sie an. Da wird sie lebendig."

Hier wird die Gestalt der reifen Frau leiblich und seelisch nahegebracht, die sie bisher abgelehnt, für sich selbst gefürchtet hat, die sie nun aber als etwas erfährt, das sie selber formend und gestaltend zum Leben erwecken kann. Zugleich erkennt sie darin etwas kulturgeschichtlich Verehrungswürdiges, das an die alten Göttinnengestalten erinnert. Das einzig wichtige angesichts dieses Traumes, worauf es für sie ankommt, ist dieses: Sie bejaht sich in ihrer werdenden reifen Frauen-Gestalt. Sie läßt die eine lebenswichtige Grundangst zu, die Angst des werdenden Personanteils, nicht leben zu dürfen. Ihre Antwort auf die Angst ist, daß sie den werdenden Personanteil, sich selbst als reife Frau belebt und damit ins Leben treten läßt. Damit gibt sie zugleich der Ehrfurcht vor der Erde Raum, für die diese Tonfigur ja auch ein Symbol ist, und findet damit auch die adäquate Antwort auf die in ihr virulente Angst um die Zukunft unserer Erde. Beides ist zusammen in diesem Traum. Eine Antwort auch auf eine der wichtigsten kollektiven Ängste unserer Zeit: Ehrfurcht vor der „Großen Mutter" bedeutete auch Ehrfurcht vor dem Leben, Ehrfurcht vor der Erde. An die Stelle der Angst um die Erde träte Ehrfurcht vor ihr.

3.
Sehnsuchtsträume
Räume spiritueller Erfahrung

Im folgenden Kapitel geht es um die mögliche Erfahrung von Sinn, die sich gerade in den Schwellensituationen unseres Lebens – am extremsten beim Gebären und beim Sterben – einstellen kann, wenn wir uns diesen Situationen auszusetzen wagen.

Auf der Schwelle aber verharrt man nicht, Schwellen führen vielmehr in die Räume hinein, so wie die Lebensübergänge in die altersgemäßen Erfahrungsräume hineingeleiten, die ganze Jahrzehnte umfassen können. In jedem dieser Lebensalter gilt es, bestimmte Sinnerfahrungen zu machen, die vor allem in diesem Alter vorkommen, gilt es, phasentypische spirituelle Erlebnisse wahrzunehmen, so beispielsweise die Faszination vom spirituellen Lehrer, die gewiß zuerst in die Adoleszenz gehört, auch wenn sie in späteren Jahren immer wieder aufflammen mag, während die Treue einer täglichen Meditationspraxis, die Tiefe einer persönlichen mystischen Erfahrung vielleicht in späteren Lebensphasen ihren eigentlichen Ort hat, auch wenn sie schon viel früher in ein Leben eingeströmt sein mag. Spirituelle Erfahrung mitten in der Weltverantwortung, inspiriert von sozialer und politischer Ethik, wie sie ein Dag Hammarskjöld, ein Dietrich Bonhoeffer oder auch ein Martin Luther King vorgelebt haben, gehört in das frühe und mittlere Erwachsenenalter, kann dort am umsichtigsten, kritischsten und handlungsfähigsten verwirklicht werden, auch wenn es eine Form religiösen Engagements ist, die immer auch von viel jüngeren wie auch von viel älteren Menschen eingelöst und ausgeübt werden kann. Sehnsucht nach Lebenserfüllung bereitet der spirituellen Erfahrung auf allen Ebenen den Weg, kann sie aber auch verfehlen und in Pseudo-Erfahrungen abgleiten, Sehnsucht kann süchtig machen, kann somit die Tür zu allen möglichen Süchten öffnen, von der Drogensucht bis zur Sucht nach immer erneuten existentiellen Spitzenerfahrungen, die man heute „top-experience" nennt.

Dem Zusammenhang zwischen Sehnsucht, Sucht und Sinnsuche will ich im folgenden an einigen Beispielen nachgehen, wobei auch das „existentielle Loch" zur Sprache kommen wird, das sich bei vielen narzißtisch verwundeten Menschen unserer Zeit im Mangel an Beziehung zu sich selbst und zu Mitmenschen wie zur Mitwelt überhaupt ausdrückt. Das sogenannte existentielle Loch selber besteht meist im Fehlen einer Spiegelungserfahrung, einem mangelnden Gesehenwordensein, das meist bis in die frühe Kindheit zurückzuverfolgen ist und dort seinen Ursprung hat. Dieses existentielle Loch aber erzeugt, solange es nicht aufgefüllt ist, sozusagen einen Sog, in dessen Bann der betreffende Mensch alles das in sich „hineinzieht", was dieses Loch zu füllen verspricht. Wirklich füllen könnte es wahrscheinlich nur eine Begegnung, in der jener Mensch sich endlich wirklich gesehen und angenommen wüßte. Vielleicht könnte dies tatsächlich in der Begegnung mit einem spirituellen Lehrer geschehen, vielleicht auch in der mit einem Therapeuten, einer Therapeutin. Letztlich könnte es vielleicht sogar in der Begegnung mit einer archetypischen Gestalt aus dem Unbewußten geschehen, wie sie im Traum, in der Imagination oder in der Vision auftauchen kann: einer inneren Geliebten beispielsweise, die alle bisherigen Erfahrungen transzendiert.

Keine psychische Krise jenseits der 35 sei lösbar, ohne die religiöse Frage einzubeziehen, und eine dem Patienten je eigene Lösung darauf zu finden. So Carl Gustav Jung. Und gilt das wirklich erst ab 35? – Das „Heilige", das von Menschen heilig Gehaltene: Es war das Faszinierende und das Erschreckende schlechthin, war das „Faszinosum" und das „Tremendum", wie es der Religionswissenschaftler Rudolf

Otto nennt. Für nichts anderes so sehr wie für dieses gaben Menschen zu allen Zeiten ihr Leben hin, verloren es und gewannen es wieder im eigentlichen Sinn einer Lebenserfüllung, eines Lebenssinnes, und dies selbst noch im Tode und durch den Tod hindurch. Als ein „Ergriffensein von dem, was uns unbedingt angeht", bezeichnete Paul Tillich die Dimension des Religiösen. Es hieße also, etwas zu erkennen, zu erspüren, was mich „unbedingt angeht", und mich davon ergreifen zu lassen. Wer das erlebte, erführe, der hätte ein Zentrum in seinem Leben. Mit diesen Erfahrungsbereichen, in denen es um das Faszinierende, das Erschreckende schlechthin geht, das unser Leben bewegen, ja erschüttern kann, kommen wir heutigen Menschen vielleicht nur noch in zwei Bereichen in Berührung: in der Erfahrung von Geburt und von Tod. Indem ich das sage, spüre ich, daß es noch einen dritten Bereich gibt, in dem wir Transzendenz erleben: in jeder großen Leidenschaft, in der Liebe, auch in der Leidenschaft für eine große Sache, in diesem „Ergriffensein von dem, was uns unbedingt angeht". – Für zahlreiche Frauen unserer Zeit aber ist es das erste und einschneidenste religiöse Erlebnis ihres ganzen Lebensganges, ein eigenes Kind zu gebären, und allmählich trauen sich ja auch die Väter beim Geburtsvorgang dabei zu sein und machen dabei einzigartige Erfahrungen. Kein Kind zu bekommen, ist auch heute noch für viele Frauen eine Infragestellung ihres ganzen Lebenssinnes. Aber Geburt meint ja immer auch unsere eigene Geburt, ob es uns gelingt, in diesem Leben „ganz geboren zu werden, ehe wir sterben" (Erich Fromm).

Der Tod wiederum ist auch heute noch so erschreckend, schaudererregend, daß Angehörige die Sterbenden wegschließen, in die Kliniken abgeben, daß sie sich ersparen, in der letzten Stunde dabei zu sein, sich auch ersparen, den Toten noch einmal zu sehen. Ich weiß, daß dies nicht für alle gilt, aber es gilt für viele. Und indem wir uns das Miterleben des Sterbens ersparen, ersparen wir uns auch jene seltenen Augenblicke, die es vielleicht nur einmal in unserem Leben gibt, daß wir zu sehen bekommen, wie ein Sterbender aus seiner Bewußtlosigkeit plötzlich aufschreckt und mit einem ungeheuren Blick etwas zu erschauen scheint, was unser Leben transzendiert. Wer unter uns einmal einen solchen Blick gesehen hat, vergißt ihn nie. – Wo die religiöse Auffassung des Todes, nicht im konfessionellen Sinn gemeint, sondern im Sinne dieses Faszinosums, fehlt, da macht er große Angst, stellt alles in Frage, und diese Angst muß offenbar übertönt werden. In unserer Zeit wird sie vor allem übertönt durch „die Geschäftigkeit gegen den Tod", unsere Arbeitssucht. Das Wort stammt von Erich Fromm, und er will damit sagen, daß es vielleicht eine Geschäftigkeit gegen diesen latenten Todeshorizont unseres Lebens ist, wenn wir uns oft so ungeheuer hetzen und leistungsmäßig überfordern – ich nehme mich da nicht aus. Aber ich habe jetzt auch einen Patienten vor Augen, einen Computerfachmann, der aus solcher Gehetztheit, solcher „Geschäftigkeit gegen den Tod" heraus so schnell sprach, daß ich schon vom Zuhören jeweils ein bißchen Rhythmusstörungen bei meinem Atmen bekam. Er kam immer zu spät, weil er einfach keinerlei Zwischenräume zwischen die einzelnen Termine setzte, es durfte einfach nichts dazwischen kommen, es kam immer etwas dazwischen. Unsere Therapie bestand streckenweise weitgehend aus der Durchsicht seines Terminkalenders, daß vielleicht einmal in der Woche ein Abend oder eine Stunde für ein Gespräch mit seiner Frau, seinen Kindern herauskäme. Er war zugleich sehr unglücklich, denn „eigentlich" liebte er seine Kinder. Vor Weihnachten schwang er sich auf, begann ein Puppenhaus für seine Tochter zu bauen. Das sah dann so aus, daß er in der Weihnachtszeit überhaupt nicht mehr zu sehen war, sondern alle Abende in seinem Bastelkeller verbrachte, und das Puppenhaus wurde so perfekt, daß er von der Schule seiner Tochter, die solche selbstgebaute Weihnachtsgeschenke der Eltern prämierte, einen Preis dafür bekam. Seine Tochter hatte ihn während der Bastelzeit nur noch seltener gesehen, – und zwei Jahre später geriet diese seine Lieblingstochter ernstlich in eine depressive Krise, von der sich auch der Vater sehr betreffen ließ. Der Vater war von dem Moment an wirklich mit den Folgen seiner bloßen Geschäftigkeit konfrontiert und ließ sich auch konfrontieren mit dem, was sein Leben eigentlich ausmachen sollte, z. B. mit seinen Beziehungen, zu denen natürlich vor allem die mit seiner Frau und seinen beiden Kindern gehörte.

Der Tod wird geflohen und gesucht zugleich in unserer Zeit, wir haben nämlich noch die Ahnung, daß er ein großer Erwecker sein könnte. Er macht uns wach dafür, das Wesentliche zu suchen, weil unsere Lebenszeit nun einmal begrenzt ist und auch vertan werden kann. – Und als Erwecker wird er, so glaube ich, auch dort verstanden, wo man nach extremen Reizen sucht, die uns oft erschrecken und doch auch recht nahe sind, wie zum Beispiel die Geschwindigkeitssucht. Wir haben jetzt die tragischen Unfälle um den Formel 1-Rennfahrer Senna und andere erlebt, aber es wird nicht aufgehört, solche Rennen zu veranstalten und zu fahren, denn es wird die Angst vor dem Tod nicht nur geflohen, sondern auch gesucht. Wir kennen extremes Klettern in unserer Zeit, extremes Tauchen, dieses neue Springen von hohen Brücken und Kränen in Gummiseile hinein, „Bunging" genannt, das Drachenfliegen, und viele, die es tun, erzählen, sie hätten höchste Angst dabei, aber das wecke auch auf, das mache irgendwie intensiv lebendig. Und für solch einen Moment des Spürens, daß sie am Leben sind, geben viele alles. Mit das Erschreckendste, was ich in letzter Zeit in einem Supervisionsfall erfahren habe, war folgendes: daß ein Paar, er ist HIV-positiv, bewußt ungeschützt miteinander verkehrt, denn, so sagt sie, es sei zum ersten Mal im Leben, daß sie Sexualität wirklich erlebe, und für diese Augenblicke in Todesgefahr, die aber das Sein spüren lassen, gäbe sie alles. Weder die Therapeutin noch ich als Supervisorin kommen bisher dazwischen, mit all unserer Kenntnis und all unserer Sorge; es gelingt uns nicht, dieses Paar davon zu überzeugen, daß es sich schützen müsse ...

Wer kennt nicht andererseits die Suche auch nach therapeutischen Superreizen, bei der extreme, aufwühlende Therapieformen stärker gesucht werden als andere. Man kann diese kathartischen Reize, die durchaus nötig und möglich sind, aber nicht zu einer Dauertherapie machen, kann sie nicht jahrelang wiederholen. Hinzu kommt in den letzten Jahren, vielleicht steht das sogar ein Stückweit hinter unserem Thema, daß auch eine Suche nach extremen spirituellen Reizen da ist. Viele suchen die sogenannten „Rückführungen" in frühere Leben, etliche haben Kontakt zu den Medien, die „Channeling" praktizieren, also Kommunikation mit außerirdischen Wesen; eine große Zahl heutiger Zeitgenossen sucht uralte Meditationspraktiken, die früher ein Menschenleben forderten und brauchten, im Schnellverfahren einzuholen. Auch die Einstiege in den Drogengebrauch waren, jedenfalls noch vor 10–15 Jahren, stark von halluzinogenen Drogen bestimmt, von Marihuana, Haschisch, LSD, heute von Ecstasy und verwandten Formen, mit denen vor allem auch junge Leute spirituelle Erlebnisse suchten. Sie ersehnten eine Öffnung zu ihrer inneren Bilderwelt hin, die letztlich auch religiöse Motive und Erfahrungen enthält. LSD z. B. öffnet ja ähnliche psychische Räume wie die Psychose, und es ist ein spezielles Phänomen in unserer menschlichen Psyche, daß sie gerade auch in der Psychose und in der Schizophrenie religiöse Bilder und Erfahrungen hervortreibt.

Professor Hanscarl Leuner, der Entwickler der Imaginationsmethode des „katathymen Bilderlebens", hat in seinen frühen Forschungen in manchen katatonen und Depressionszuständen seiner Patienten LSD angewandt, um solche heilsamen Bilder aus der Seele hervorzulocken und hat somit gleichsam eine „spirituelle Psychose" erzeugt, aber auch spirituelle Erfahrungsbereiche eröffnet. Es kommt natürlich alles darauf an, wie ein solcher LSD-induzierter Prozeß begleitet wird, ob er begleitet wird, andernfalls kann er auch zur wahren Höllenfahrt werden und ängstigende innere Bilderfolgen erzeugen – wie sie von jeher auch zum Erfahrungsbereich des Religiösen gehören.

Ehe ich nun etwas spezieller auf die einzelnen Lebensphasen und die ihnen eigenen spirituellen Möglichkeiten und Suchbewegungen eingehe, möchte ich einige Bilder vorstellen, die von Menschen mit Suchtproblemen gestaltet wurden. Ich lasse meine Patienten gerne malen, damit sie zum Ausdruck bringen können, was sie innerlich suchen: Hinter der Sucht läßt sich dann vielfach eine Sehnsucht erkennen, die letztlich einen Lebenssinn, eine spirituelle Dimension meint.

Das erste der Bilder stammt von einem Mann, der in einem Rauschzustand Bilder malt, ganz in Blau. Es sind blaue Landschaften von einer Transparenz, die irgendwie beeindruckt, er selber malt sich dabei im Körperschema eines Kleinkindes, er regrediert zum Kind in seinem Rauschzustand und taumelt auch gefährlich in seinem entgrenzten Bildraum. Diese Landschaft erinnert auch an Eisberge. Trotzdem, über dieses Blau – warum nennen wir diese berauschten Zustände „Blausein"? – wird zugleich eine Sehnsucht, die von der blauen Blume bis zur Transzendenz reicht, sichtbar gemacht. In diesem ersten Bild kommt das Licht von links, das ist erfahrungsgemäß die Seite, aus der innere Erfahrungen kommen, die Seite der Introversion, der linken Hand. Der Maler taumelt weiter im Blau, immerhin kommt im zweiten seiner Bilder das Licht von rechts, mehr aus der Bewußtseinsseite. Und hier geschieht etwas Eigenartiges: Indem er seine Sehnsucht nach dem Blau in dieser Bildserie ausspielt, ausfantasiert – er hat in Wirklichkeit an die 30 solcher blauer Bilder gemalt –, gestaltet sich plötzlich etwas heraus, entsteht in dem bisher wie bodenlosen Raum etwas wie eine Basis, von der her eine Art von Treppe aufsteigt. Der Mann beginnt sich in seinem Bild nach rechts zu wenden und in einer Gehbewegung eine Stufe hinaufzusteigen. Und schließlich entsteht ein ganz merkwürdiges Bild: Es ist noch einmal in Blau gehalten, aber es hat eine völlig neue Perspektive bekommen. Der Mann ist plötzlich so nahe bei sich, als schaute er sich über die Schulter, und sieht von da fünf ganz merkwürdige Gesichter vor sich, denen vor allem der Mund fehlt, aber auch die Ohren. Er sieht diese Gesichter und merkt, daß man sich bei fehlendem Mund nicht ausdrücken und bei fehlenden Ohren auch nichts aufnehmen kann, man hat den Kontakt zur Wirklichkeit verloren. Und dennoch, als er dieses vorletzte Bild, das ihn sehr erschreckt hat, bewußt wahrnimmt, als er plötzlich sieht, wie es mit ihm steht, wenn er in dem „Blauzustand" ist, daß er dann zwar eine Sehnsucht hat, aber darüber die Welt und die Menschen verliert, – da überkommt ihn der Wunsch nach etwas ganz anderem, indem seine Stimmung merkwürdig umschlägt bis in die Farbgebung hinein, wobei Blau in die Komplementärfarbe „Orange" umschlägt und er etwas wie einen Sonnenaufgang gestaltet. Die Sonne ist auch ein großes, altes, religiöses Symbol, ein Lichtsymbol, aber eines, das seine Entsprechung in der Wirklichkeit hat. Indem man diesen Mann sein „Blau" ausmalen, ausfantasieren ließ – er hat es dann auch, wenn er nicht im Rausch war, gemalt –, kam ihm schließlich die Einsicht in das, was er wirklich suchte, und eine neue Sehnsucht erfüllte ihn, das wirklich Gesuchte in der Wirklichkeit der Welt zu finden, in der wärmenden Sonne: zum Beispiel in einer Beziehung.

Ein anderer junger Mann, der gewohnt war, alles ganz weit von sich wegzuhalten, auch seine erste Liebesbeziehung – er ist ein frühgestörter Mensch, ein Heimkind –, hatte die Erwartung an diese Beziehung schließlich doch ungeheuer hochgeschraubt und die Beziehung damit überlastet. Seine junge Partnerin deutet an, sie könne es nicht mehr mit ihm aushalten, er verlange einfach Bodenloses und zuviel von ihr. In dem Bild, das er in dieser Trennungsphase gestaltet, wählt er zunächst die Vogel-Perspektive von ganz weit oben, in einem blauen, zarten Sehnsuchtsgebilde sieht er seine Lebenslandschaft daliegen. Als die Partnerin nach einigen Wochen die Entscheidung fällt, sich lieber von ihm trennen zu wollen, als die Beziehung noch lange hinzuziehen und ihn ständig in dieser ungestillten Sehnsucht verharren zu lassen, da gestaltet er ein weiteres Bild, in dem seine Erschütterung sichtbar wird. Das Bild der Lebenslandschaft kommt sehr viel näher, ein Fluß wird sichtbar, mit vielen Windungen, aber erst einige

Tage später kommt es zu einem weiteren, eigenartigen Bild in Nahperspektive, sogar überlebensgroß: nur noch ein Mund, aus dem ein eisblauer Strom wie ein Wasserfall herausflutet und in die Tiefe stürzt. Erst sollte es ein Wasserfall werden, sagt der Gestalter selbst, und dann sei es ihm zum Mund geraten. Seine ungeheuere orale Bedürftigkeit wird als ein Sog sichtbar, es zieht ihn hinunter und hinein bis in einen Wasserfall, er droht innerlich abzustürzen. Man mußte sich größte Sorgen um ihn machen, weil eben dieser Sog in die Sucht so stark wurde. Es war ganz klar, daß dieses Stück echtes Leben, das die Beziehung ihm bedeutet hatte, die auch sein existentielles „Loch" aufgefüllt hatte, jetzt weggeschwemmt wurde. Übermächtige Ungestilltheit und Sehnsucht übermannten ihn wieder und trieben ihn in die Sucht. Doch nun geschah etwas äußerst Eigenartiges: Dieser junge Mann hat sich in einigen Wochen aufgefangen, konnte die Sucht überwinden über der Gestaltung eines weiteren Bildes, das zweifellos spirituelle Bezüge hat. Wir sehen vielleicht als erstes so etwas wie das Fensterkreuz eines Eisenbahnabteils, das heruntergelassen wird, das wie auf ihn herabstürzt, und er hat, wie von oben her geschrieben, mit einer Schrift, die auf dem Kopf steht, in dieses Fensterkreuz eingeritzt INRI: die bekannte Inschrift, die wir auf den Kreuzen Christi finden. Das kommt wie von oben herab und fällt auf ihn nieder, er betrachtet also sein Schicksal als ein „Kreuz" im christlichen Sinn, das jetzt erst einmal überschwer auf ihn herunterfällt. Doch dann geht in der Ferne der Planet Saturn auf, auch ein Schicksalsplanet, wie man in der Astrologie weiß, der aber den Menschen, für den er konstelliert ist, auch sehr widerstandsfähig und kraftvoll machen kann. Ganz oben links im Bild geht schließlich eine zarte Mondsichel auf, eine Hoffnung auf Wandlung des Geschehens – der Mond symbolisiert Wandlung – in dem Sinne, daß es für ihn nicht endgültig aus ist mit der Hoffnung, eine Beziehung zu finden. Unten im Bild sehen wir noch die Relikte aus seiner Heimzeit, eine große Kakaotasse, Symbol für das, womit Kinder ihre ganze emotionale Sehnsucht zu stillen versuchen, indem sie furchtbar viel Milch und Kakao trinken – und dann findet sich da auch noch ein durchbrochenes Kuchenherz, kindlicher Ausdruck eines gebrochenen Herzens. Dieses Bild schenkte er schließlich der Frau, die ihn da verließ, und es hat ihn getröstet, daß sie von dem Bild tief beeindruckt war und sich mit Tränen von ihm verabschiedete, als wollte sie ihm sagen: Du hast wirklich ein Schicksal, nur ich persönlich bin nicht in der Lage, deine ganze Geschichte mit dir zu tragen. Sie war ja selber noch eine sehr junge Frau.

An dieser Bilderfolge erleben wir mit, wie der junge Mann aus einem von sich weggehaltenen Leben in eine suchtartige Beziehungssehnsucht hineingerät, die dann, als sie zerbricht, in die Sucht zu münden droht, um schließlich, nach äußerster Gefahr, darin zu versinken, über dem Wiederentdecken religiöser Symbole sich auffangen und die Sucht hinter sich lassen kann. Der junge Mann ist dabei keineswegs kirchlich gebunden, sondern diese Bilder stiegen spontan in seiner aufgepflügten Psyche auf. Dazu kam bei ihm die Fähigkeit zu gestalten, eine außerordentliche therapeutische Chance. Sich ausdrücken zu können, in jeder Situation, und sich dabei immer wieder als Gestaltender, nicht nur als Ohnmächtiger zu erleben, ist ein starkes Gegengewicht gegen das süchtige Verhalten, das sich fallen und treiben läßt. Ich leite die Leute nicht zum Malen im Sinne von Kunst an, aber ich rege ihre Lust zum Gestalten an, denn es steckt in sehr vielen eine ursprüngliche Gestaltungsfähigkeit, die sie selbst betroffen macht und überrascht.

Im Anschluß an diese Beispiele für krisenhafte Lebensübergänge möchte ich die Phasenwechsel, die alle Menschen erleben, etwas ausbreiten, ausfalten, und jeweils auch die Frage stellen, welche religiösen Sehnsüchte, Aspekte, auch Gefahren in die einzelnen Lebensphasen gehören, für sie typisch sind.

Unser Leben verläuft in Phasen, vielleicht sind es nur zwei ganz große, wie vor allem wir Frauen sie sehr deutlich erleben, den ersten Übergang von der Kindheit zu dem einschneidenden Erlebnis der Menstruation, die uns im Regelfall dann begleitet, und den zweiten großen Übergang, den die Wechseljahre bringen. Bei Männern finden sich im Grunde die beiden Hauptphasen analog, einerseits der einschneidend erlebte Übergang in die Pubertät und Adoleszenz hinein und andererseits die „midlife-crisis" im „mittleren Erwachsenenalter", dem Zeitraum um die 50 herum, bei dem die Begrenzungen vielfältig faßbar werden, aber doch noch nicht wie bei der Frau direkt die biologische Fortpflanzungsfähigkeit berührt wird. Da markanter erfahrbar, werden die beiden Hauptphasen von uns Frauen, so meine ich, bewußter erlebt. Eine große Chance. Der Mann versäumt so manches oder gerät in mannigfache gesundheitliche Krisen, wenn er diesen Übergang nicht richtig und rechtzeitig wahrnimmt.

Man kann auch einen siebenfachen Phasenwechsel in der Entwicklungspsychologie annehmen, so wird es heute vor allem gesehen, von der frühen Kindheit zur späten Kindheit und schließlich Adoleszenz, vom frühen über das mittlere bis zum späten Erwachsenenalter bis schließlich zum hohem Alter. Oder man kann mit Erik Erikson die acht Phasen, die „psychosozialen" Krisen, wie er sie nennt, wahrnehmen, die dann als Kristallisationspunkte für Entwicklungsereignisse gelten. Zentral sind z. B. die Identitätskrisen der Adoleszenz als Angelpunkt für die künftige Ich-Entwicklung, die Entwicklung der Identität, einer „Treue zu sich selbst" nämlich, die die Voraussetzung für jede Beziehungsfähigkeit bildet.

Das Leben verläuft also in großen Hauptbahnen. Die überaus zahlreichen Träume von Eisenbahnzügen, die wir alle kennen, Eisenbahnzüge, die wir entweder nicht bekommen oder die uns fahrplanmäßig an die jeweiligen Ziele befördern, sprechen davon. Das sind Spiegelungen im Unbewußten für dieses Wissen um Lebensbahnen, Lebensphasen. Nach Erikson kommen auch die versäumten Züge im allgemeinen in den folgenden Lebensphasen noch einmal vorbei. Man kann also eine Entwicklungsaufgabe, die in der vorausgehenden Phase nicht ganz gelöst wurde, noch einmal angehen, aber sie kommt dann zu der neuen Phase und ihren Aufgaben hinzu, und das Ganze verkompliziert sich.

Unser Leben verläuft in großen Übergängen, die wir, wenn möglich, bewußt erleben sollten, für die wir uns Zeit nehmen sollten, so wie man früher die Äcker einige Zeit brach liegen ließ, damit sie sich regenerieren konnten, in aller Stille unter unsichtbaren Wandlungsprozessen. Oder indem man in alten Kulturen in Scheu und Ehrfurcht mit ausgedehnten Ritualen jene Schwellen des Lebensalters überschritt. Lebensübergänge, die trotz des vorgesehenen Rhythmus' auch ihre individuelle Norm haben und sich nach Jahren nur ungefähr kennzeichnen lassen, gestalten sich doch immer wieder nach einem bestimmten Muster. Ein Phasenwechsel z. B. kündigt sich in unserem Erleben immer durch eine Unzufriedenheit an. Wir spüren, was uns fehlt, und es kann bis zu einem massiven Entwerten der bisherigen Lebenssituation kommen. Dies kündigt sich oft durch eine richtige Verstimmung an, die sich aus der Bilanz unseres bisherigen Lebens ergibt und die schließlich zu echter Trauerarbeit oder zu der Erkenntnis dessen, was sich nicht länger halten läßt, überleitet, einer Verstimmung, aus der sich langsam die Sehnsucht und eine bestimmte Phantasie von etwas Neuem erhebt. Man ruft sich noch einmal ins Bewußtsein, was bis jetzt das Leben ausgemacht hat, aber auch das, was defintiv fehlte und was jetzt unbedingt ins Leben hereingeholt werden soll. Es ist eine Übergangsphase, aus der langsam neue Wertvorstellungen auftauchen, noch umkämpft von den alten, in denen man so lange gelebt hat. Der Mensch, der das Gefühl hat, im Umbau begriffen zu sein, erlebt eine Identitätsunsicherheit. Er weiß nicht mehr genau, wer er eigentlich ist und ob er das noch ist, was er sein will, und ob er das, was er sein will, noch sein kann. Eine Phase der Unsicherheit bringt es zugleich mit sich, daß alte psychische und somatische Störungen aus früheren Lebensjahren wieder aufflammen können. Man ist krisenanfällig in solchen Übergangszeiten, in mancherlei Hinsicht.

Hier können sich die alten Schwierigkeiten aber auch zu einer therapeutischen Behandlung anbieten. Der Zug kommt noch einmal vorbei, den wir vielleicht in einer frühen Lebensphase versäumt haben. Unsere Komplexe konstellieren sich erneut, typische Probleme mit Bezugspersonen wiederholen sich, wir sind in Übergangssituationen anfälliger für Krankheiten, die offenbar den Sinn haben, uns selber beachten und pflegen zu lernen. Bei jedem Übergang haben wir die Chance, ein Entwicklungsthema, das bis dahin noch nicht optimal gelöst werden konnte, neu anzugehen. Diese Übergänge sind wie Inkubationszeiten oder Schwangerschaften, nicht ganz leicht durchzustehen. Es sind Zeiten, in denen uns viel Kontakt mit uns selber am besten tut, Zeiten, die uns in die Introversion rufen. Frühere Kulturen sahen vor allem für den Eintritt in die Pubertät solche Rückzugsmöglichkeiten, begleitete Introversionsphasen und entsprechende Übergangsrituale vor. Junge Mädchen wurden von erwachsenen Frauen – oft in der Waldeinsamkeit – in die neue Lebensphase eingeführt, die jungen Sioux-Indianer wurden beim Eintritt ins junge Erwachsenenalter auf die Suche nach einer Vision für ihr Leben in die Einsamkeit geschickt, bis ein Traum kam, ein visionäres Bild, das besagte: das soll aus mir werden! Bis zum Erlebnis solch einer Vision zogen sie durch die Einsamkeit. Viele junge Leute tun das heute noch, aber damals war das eingebettet auch in einen rituellen Vollzug und damit in eine Begleitung und Zustimmung durch die Sozietät, der die Jugendlichen angehörten.

Für die schwierige Ablösung zwischen Mutter und Kind, vor allem auch zwischen Mutter und erwachsener Tochter, die im mittleren Erwachsenenalter ansteht, wurden in Griechenland die eleusinischen Mysterien begangen. Dieser Ablösungsvorgang zwischen Mutter und Tochter wurde als ein großer Übergangsweg verstanden, für den wir heute allenfalls ein wenig psychologische Beratung anbieten können, nicht entfernt von der Intensität und Wandlungskraft der eleusinischen Mysterienwege, wo nach dem Durchgang durch das

Dunkel des Beraubtseins – 9 Tage und Nächte lang zogen die verlassenen, ihre Töchter suchenden Mütter in einer Prozession durch das Land – die Mutter und die Tochter einander schließlich wiederfinden und als Gleichwertige, beide nun als Mütter, denn die Tochter hat selber ein Kind geboren, einander gegenübertreten. Diese riesigen Übergangsschmerzen, von denen in unserer Kultur kaum gesprochen wird, wurden da durch eine rituelle Begehung aufgefangen, durchgelitten, man durfte trauern. Dabei sind Übergangsrituale lebensnotwendig, vor allem am Lebensende, als Transitus für Sterbende, aber auch für die Bewältigung des Trauerprozesses durch die Lebenden. 49 Tage und Nächte stand im alten Tibet der Hinterbliebene dem Verstorbenen bei, damit er sich hinüberbewegen könne in jene andere Welt und nicht mehr zurückgezogen würde in die irdische Existenz. So half er dem Verstorbenen, sich abzulösen, hinüberzukommen und damit auch sich selber, den Verstorbenen loszulassen und noch etwas für ihn zu tun.

Übergangsriten: Sie sind überhaupt unentbehrlich. Bei den kleineren und größeren Umzügen in andere Wohnungen und Städte z. B. spüren wir das bereits, was sie schon mit sich bringen an Erschütterung. Wir gehen weitgehend darüber hinweg. Bei Verlust und Wechsel von Arbeitsstellen, die wegrationalisiert werden, oder gar beim Verlust ganzer Berufe, die plötzlich nicht mehr in die Wirtschaftslage passen, brauchen wir Formen, Rituale, diese Übergänge zu durchstehen und zu durchleiden und uns neu zu organisieren. Vor einiger Zeit haben wir z. B. den Lebensübergang des Tagungsleiters eines großen Bildungshauses miteinander in einer kleinen Gruppe begangen, der nach dem dort üblichen Rotationsverfahren nach sieben Jahren fruchtbarer Arbeit seine Stelle verlor und danach drei Jahre lang arbeitslos war. Gerade die qualifizierten Stellen sind ja heute nicht mehr leicht zu finden. Wir haben den Übergang als ein Ritual mit Masken gestaltet, es war gerade an einem Fastnachtswochenende, um Mitternacht, als seine Arbeitszeit ablief, als wir Freunde, die ihn bei diesem

Übergang begleiteten, die Trommeln und Schellen anschlugen: Da stieg der bisherige Studienleiter in großer Königsmaske von seinem „Thron", einer Stehleiter, herab. Unten legte er seine Maske ab, damit auch seine bisherige Rolle, seine Identität, und wurde von den anderen Maskenträgern zu einem nahegelegenen Brunnen geleitet, wo er die Stufen hinabstieg zu der Quelle und einen Schluck frisches Wasser nahm. Als er wieder heraufgestiegen war, wurde ein bunter Heißluftballon, der von innen leuchtete, losgelassen, der trug unsere guten Wünsche für ihn in die offene Zukunft und in den offenen Nachtwind hinaus. Die im Übergang, im Herabsteigen von dem Thron zeitweilig verlorengegangene Identität wurde so durch den Gang zur Quelle – zum „Gesundbrunnen", wie diese Quelle wirklich heißt – neu begründet und durch den Ballon in die Zukunft hinein entworfen, mit neuen Phantasien und Plänen erfüllt. Wichtig war daher, daß eine Gruppe von Menschen mitmachte. Es wäre denkbar gewesen, daß wir das alles gezielt geplant hätten. Was ich aber eigentlich erzählen und dabei unterstreichen möchte, war, daß sich das spontan entwickelte, daß also offenbar auch in unserer modernen Psyche diese Muster, Formen, Bilder eines Übergangsweges noch bereitliegen, wenn wir sie benötigen, wenn wir sie nur kommen lassen. Wir wollten so etwas gestalten, und dann fiel uns auch etwas ein. Das hat dem Betroffenen sehr wohl getan, wie er selber äußerte.

Übergangsphasen zu durchleben, braucht Zeit. Übergangsphasen emotional zu überspringen, wäre für das Ankommen in der neuen Phase denkbar ungünstig. Manchmal kommen wir dann nie an, sondern verlieren uns in der alten Phase, weil wir den Sprung ans neue Ufer nicht gewagt haben und uns damit die Zeit für eine Übergangsphase nicht genommen haben. Doch ehe ich zu dem Problem solchen Innehaltens beim Übergang in eine neue Phase komme, möchte ich die wichtigsten dieser Phasen, vor allem im Hinblick auf die jeweils phasentypische Entwicklung, schildern. Es geht ja in diesen Prozessen vor allem um wachsende und von Phase zu Phase charakteristisch wechselnde Identität, also wechselndes Selbstverständnis. – Ich möchte diese Phase aus der Perspektive C. G. Jungs beschreiben, der auch in den jeweiligen Phasen bestimmte, archetypische Bilder besonders stark konstelliert sieht. Jung spricht nicht nur vom Ich, das sich entwickelt, sondern von einem Ich-Komplex, und damit unterstreicht er, daß das Ich als Bewußtseinsinhalt kein einfacher, sondern ein komplexer Faktor ist, der sowohl auf einer somatischen als auch auf einer psychischen Grundlage beruht, und der sowohl bewußt als auch unbewußt ist. Dieser Ich-Komplex, der unsere Entwicklung trägt, baut sich z. B. aus dem frühen Körpererleben des Kindes auf, dem vorsprachlichen Körpererleben, das von den Bezugspersonen begleitet wird, gespiegelt, von Bezugspersonen, an die das Ich sich langsam bindet. Jung meint allerdings, daß im Menschen selber etwas angelegt ist, das er das Selbst nennt, eine übergreifende Komponente der Persönlichkeit, die das Ich, dieses kleinere Ich, überhaupt erst aus sich herauslockt und herausbildet – selbst unter ungünstigen Bedingungen. Diese Sicht wird von der heutigen Baby-Watcher-Forschung insofern bestätigt, als sie besagt, daß das kleine Kind, der „kompetente Säugling", viel mehr an eigenem Beziehungsverhalten schon mitbringt, als man früher gedacht hat. Früher meinte man, Kontaktverhalten müsse erst im Kind erweckt werden, heute sieht man, daß das Kind in der Lage ist, sich Eltern zu werben, so wie in uns allen das dem Baby entsprechende Verhalten aufspringt, auch wenn wir zuvor noch keine Kinder hatten, wenn so ein kleines vorsprachliches Wesen sich an uns wendet. Der „Glanz im Auge der Mutter", wenn sie ihr Kind liebevoll anschaut, gewiß auch das Aufleuchten im Blick des Vaters, weckt das Urvertrauen des Kindes auf, eine grundlegende religiöse Kategorie, meine ich, auf die jede spätere Vertrauenshaltung dem Großen und Ganzen gegenüber zurückgreift. Das Fehlen solch liebevollen Angeblicktwerdens andererseits, das emotionale Nichtgesehenwerden, das oft einem physischen Ungestilltsein entspricht, weckt Urmißtrauen, eine immer wieder ungestillte Sehnsucht, die eine Bereitschaft zu suchthafter Beziehungssuche und eben letztlich auch zur wirklichen Sucht begründet. Es ist sehr tragisch, wenn hier in der frühesten Beziehung etwas ausfällt; man kann zwar manches, gewiß nicht alles davon nachholen, aber es muß in einer sehr sorgsamen, geduldigen, liebevollen Arbeit getan werden. Wenn man in sehr großen Zusammenhängen von der idealtypischen Entwicklung des Ich-Komplexes spricht, könnte man die Kindheit als eine Zeit bezeichnen, in der der Ich-Komplex langsam, aber immer deutlicher erfahrbar wird. Zunächst ist er gänzlich vernetzt mit einem nährenden, schützenden Mutter- und Vaterfeld. Dieses äußert sich im günstigsten Fall eben darin, daß das Kind auf seine emotionalen Äußerungen auch eine Antwort bekommt und sich dadurch immer mehr als eigene Person bewußt werden kann, die angenommen ist.

Die Adoleszenz ist nun eine typische Aufbruchphase – man nimmt heute Pubertät und Adoleszenz als eine große Phase zusammen –, vor allem in der ersten Zeit der Geschlechtsreife, eine Phase, die sich später konsolidiert; und man rechnet heute damit, daß die Adoleszenz bis in die 20er Jahre hinein reicht. Man unterscheidet die Pubertät nicht mehr als Einzelphase, sondern als Eingangsphase der Adoleszenz. Der sogenannte Ich-Komplex beginnt sich jetzt immer mehr aus dem Vater- und Mutterkomplex herauszuentwickeln, der Adoleszent erlebt sich bewußt als ein anderer Mensch als zuvor, ein eigenständiger, versucht sich jedenfalls so zu erleben. Oft werden Aspekte, die zum Schatten der bisherigen Familie gehören, jetzt ganz bewußt erlebt und z. B. zunächst auch in gleichgeschlechtlichen Freundschaften oder in Peergroups gesucht und gefunden. Was der Familie und deren Normen widerspricht, das wird attraktiv. Zugleich entsteht eine gewaltige Spannung zwischen dem aufkommenden Ich-Ideal des jungen Menschen und dem Erleben seines eigenen Schattens. Auf der Ebene der Komplexe erlebt er, daß gerade jetzt, da er sich von den Eltern ablösen möchte, deren Stimme sich in gewissen Situationen störend bemerkbar macht. Gerade jetzt hört er in den entsprechenden Situationen, das, was Vater, was Mutter sagen würden, als innere Stimmen, merkt also, daß sie intrapsychisch gar nicht leicht abzuschütteln sind. Und daraus ergibt sich diese ständige innere Spannung, in der er seine Autonomie oft so trotzig aufzurichten sucht. In der Adoleszenz steht der Ich-Komplex, archetypisch gesehen, auch heute noch unter dem Aspekt des Heros, wie wir ihn aus dem Mythos, oder auch der Heldin, wie wir sie aus dem Märchen kennen, die sich aus der Unbewußtheit herauskämpfen, um auf den eigenen Weg zu gelangen. Die Autonomie wirkt stark betont, die Spontaneität gegen vorgegebene Regeln verteidigt, der junge Mensch versucht, sich seiner eigenen Identität bewußt zu werden. Mit der Identität erwirbt der Jugendliche im guten Fall die psychosoziale Modalität der Treue, der Treue vor allem zu sich selbst. Und darauf, wie gesagt, beruht seine künftige Beziehungsfähigkeit. Es ist dies ein Lebensgesetz: Wenn wir in Beziehung stehen wollen, müssen wir zuerst zu uns selber Kontakt gewinnen und um uns selber wissen. Die Beziehungsfähigkeit wird ebenso wichtig in diesem Alter wie sie noch problematisch ist. Sie wird aber vor allem als faszinierend erlebt. Die selbstgewählten Beziehungen werden wichtiger als alle früheren, oft verwandtschaftlich vorgegebenen. Frauenbilder und Männerbilder der Seele, die geheimnisvollen Fremden Anima und Animus steigen aus der Latenz und werden in der Projektion auf Personen des anderen Geschlechts in erotischen und sexuellen Faszinationen erlebt. Ein Traum, der diesem Alter entspricht, geträumt von einer jungen Frau, lautete so: „Ich treffe einen Piloten, der mich an den Schriftsteller Antoine de Saint-Exupéry erinnert, auf einer Pariser Straße. Ich gehe sofort mit ihm, da ich das Gefühl habe, ihn seit Ewigkeiten zu kennen." Es ist schlimm und schädlich für junge Menschen, wenn ihnen diese große, religiöse Erlebnismöglichkeit des Eros verlorengeht oder „vermiest" wird. Noch im Alter erzählt mir ein Mann von seinen Erlebnissen als Zwölfjähriger, als er von seinem CVJM-Führer jedesmal, wenn er ihn in der Stadt traf, auch gefragt wurde: „Mein Junge, hast du mir nichts zu gestehen?" Und er wußte wirklich noch nicht, wovon die Rede war. Als er es aber wußte, merkte er, daß da von Anfang an ein Verdacht auf alle erotischen Erlebnismöglichkeiten gefallen war.

Faszination durch religiöse Führergestalten gab es immer und zu allen Zeiten in dieser Phase. Durch Gurus, wie seinerzeit Bhagwan einer war, aber auch durch „Jesus Christus Superstar" – der Starkult kann sich auch auf Christus richten – werden oft extreme Gruppen, auch christliche, für die Jugendlichen attraktiv, aber natürlich auch gerade außerchristliche Gruppen, wenn die Elternhäuser noch an die Kirche gebunden sind. Wenn sie nicht an die Kirche gebunden sind, sucht man womöglich eine streng christliche Gruppe: Solch eine Faszination von einer großen Persönlichkeit, die in der Gruppe verehrt wird, ist irgendwie typisch für dieses Alter. Jesus läßt sich in diesem Zusammenhang als eine große „Animus-Gestalt" verstehen, und zu der Faszination durch ihn kommt beim jungen Menschen die Gruppenfaszination, je nachdem, wie eben diese Gruppe aussieht. Zugleich erwacht in diesem Alter die „Anima" und damit die Sehnsucht der Seele nach sich selbst, nach spirituell-erotischer Erfüllung, nach Selbstsuche als spirituellem Weg, der manchen bis nach Indien, nach Australien zu den Aborigenes oder nach Bolivien zu den Anden-Indianern führt, immer in gewissem Kontrast zum Weg der Eltern. Ich weiß sehr wohl, daß die heutige Generation eher zu brav zu solchen Wagnissen ist, ich halte das aber nicht unbedingt für einen Vorteil, sondern ich glaube, daß die meisten der heutigen Adoleszenten ihre Phase noch nicht ganz ausgeschritten haben, das werden sie später nachholen müssen. Es ist einfach eine noch nicht gewagte Ablösung von der Ursprungsfamilie, die unter dem Druck der heutigen Zeit- und Berufssituation vielfach zu finden ist, wenn die Jugendlichen allzu lange im „Hotel Mama", wie man das heute nennt, verbleiben. Diese vergleichsweise „Bravheit" der heutigen gegenüber der „antiautoritären" Generation zuvor halte ich nicht für einen Vorteil, sondern für ein Versäumen des ersten Zuges, der hinaus ins Leben fährt. Das Sich-Entfalten des Selbst kann sich und soll sich eigentlich in Utopien für das eigene Leben und in größeren Lebensentwürfen bemerkbar machen. Wenn das nun ausfällt, wenn das gestört ist, blockiert, entsteht ein existentielles „Loch“, entsteht ein Vakuum, eine außerordentliche und wilde Sehnsucht nach Erfüllung. Wenn sie nicht erfüllt werden kann durch reales Gegenüber und reale Ziele, dann greift man zur Schnellbefriedigung – zu Süchten verschiedenster Art, wie ich sie zu Anfang beschrieben habe.

Das „junge Erwachsenenalter“ – vom 25. bis zum 40. Jahr rechnet man es heute – kann eine Phase der Konsolidierung sein, aber nur dann, wenn die Dreißiger-Schwelle bewältigt ist, die einen wichtigen Übergang markiert, von der Beliebigkeit der bis dahin eher unbegrenzt scheinenden Möglichkeiten hin zu verbindlichen Entschlüssen, verbindlichen Beziehungen und einer zuverlässigen Verwurzelung in der Realität. In der Erzählung der Schriftstellerin Ingeborg Bachmann „Das dreißigste Jahr“ ist diese Schwellensituation um die 30 herum anschaulich geschildert. Der Held der Erzählung, der nicht zu sich selbst findet, sondern von einer Möglichkeit in die andere geworfen wird, wie sie der Adoleszenz noch entspricht, kommt erst dann zu sich, als ein Gleichaltriger, der schon viel mehr zu sich selbst gefunden hat, bei einem gemeinsamen Verkehrsunfall ums Leben kommt. Angesichts des Todes eines Gleichaltrigen, der sehr viel weiter ist in der Bewältigung der 30er-Schwelle, kommt der andere, bis dahin ewig Suchende, zu sich. Die Gestaltung des Alltags, das Erlebnis, etwas bewirken zu können, tritt wachsend an die Stelle der bloßen Träume vom erstrebenswerten Leben, jedenfalls ist das die Aufgabe dieser Phase.

Wenn man sie nicht einlösen kann, bleibt man unbefriedigt, und es ist besonders schwierig für die Entwicklung des einzelnen, aber auch der ganzen Gesellschaft, daß junge Erwachsene heute durch äußere Gründe vielfach an der Berufsfindung gehindert werden, keine Stelle bekommen, arbeitslos sind und bleiben. Ich spreche hier nur von dem, was diese Phase eigentlich ermöglichen könnte und sollte. – Die eigene Identität sollte im Verlauf dieser Phase stärker gefunden und gefestigt werden, man sollte – in der Regel jedenfalls – einen Platz im Beruf, in Beziehungen, in einer verbindlichen Lebensformen oder Familie finden. Der Eltern-Archetyp wird in neuer Weise wirksam, sei es bereits in der Sorge um eigene Kinder, indem der junge Mensch selbst Vater oder Mutter wird, sei es in der Sorge um symbolisch verstandene Kinder, im pädagogischen oder therapeutischen Beruf, im Umgang mit Lehrlingen, Schülern oder Studenten. Die eigene Kindheit wird von vielen an den Erlebnissen mit den heranwachsenden Kindern wiedererinnert und aufgearbeitet. Die Vergangenheit kann, wie in allen späteren Phasen, erlebnismäßig noch einmal präsent werden, auch als Voraussetzung dafür, die eigene Kindheit schließlich loslassen zu können. An den Kindern erleben die jungen Erwachsenen vielfach noch einmal ihre eigene Kindheit mit, versuchen es mit den eigenen Kindern anders zu machen als ihre Eltern es gemacht haben, merken auch, wie sie in die alten elterlichen Fehler zurückfallen, aber es muß sich hier etwas erfüllen, damit sie die Sehnsucht, noch einmal Kind sein zu können, selber noch eine Mutter zu haben, einen Vater, endlich loslassen können.

Axel, ein junger Mann, träumt, Armo sei ihm anvertraut, ein quicklebendiges dunkelhäutiges Kind, er ist etwas unaufmerksam, etwas genervt, da fällt das Mädchen von einer Leiter und bricht sich die Finger. Da wird Axel wach, sucht einen Arzt, der sich aber recht gleichgültig verhält, und da erst beginnt Axel um Armo und ihren Finger richtig zu kämpfen. Er erlebt in Armo sich selber als verletztes Kind wieder, um das sich kaum einer gekümmert hat. Sein Ich wird aufmerksam auf dieses Kind, zugleich rührt sich in diesem Traum vielleicht auch ein Kinderwunsch bei dem jungen Mann.

Auch religiös geht es in diesen Jahren um Identifikation und Identität. Die Beliebigkeit der Adoleszenz gilt es zu überwinden. Austreten aus der Kirche oder eintreten, das wird jetzt die Frage, auch im Blick auf andere spirituelle Gruppierungen, man sehnt sich nach Zugehörigkeit. Wichtig wäre in dieser Phase, für sich selber eine religiöse Praxis zu finden, einen Übungsweg. Es geht in dieser Altersstufe um Verbindlichkeit statt Beliebigkeit, statt des Nippens an unzähligen Heilswegen, die sich uns heute anbieten. Sonst droht auch hier Profanierung, Sinnentleerung, und schließlich ein Ersterben der religiösen Sehnsucht – und damit der inneren Begeisterungs- und Hingabefähigkeit. In das religiöse Vakuum, in die ungestillte Sehnsucht kann wieder die Sucht einströmen. In diesem Alter findet sich auch oft eine Tendenz zu einer politisch gefärbten Religiosität, sie kann sehr progressiv sein, indem man sich in einem ganz tiefen Einsatz für die ernstesten Probleme der Welt auch religiös verwirklicht. Sie kann aber auch in eine fanatische Ideologie umkippen. Es ist beides charakteristisch für dieses Alter, das Realität, Verwirklichung sucht und von daher seine spirituellen Aufgaben findet.

Das mittlere Erwachsenenalter nun, heute rechnet man es von 40 bis 55, mit seinen Übergängen über die Vierziger- und die Fünfziger-Schwellen, bringt einen deutlichen Aufbruch mit sich. Bei der Überschreitung einer jeden Schwelle, die in einen tieferen Raum führt, wurde in den alten Tempeln der Megalith-Zeit, z. B. auf Malta, geopfert, auf jeder Schwelle ein neues Tier, ein neues Trank-, ein neues Speiseopfer dargebracht. Erst nachdem etwas weggeben oder den Göttern geschenkt wurde, konnte der neue Raum betreten werden. Etwas von dem im Opfertier symbolisierten Instinktbereich, etwas, das man bisher genährt und getränkt hat, muß auch heute noch geopfert werden, damit der Mensch einen neuen Raum bekommt. Das wird bereits beim Übergang über die Vierziger-Schwelle stark spürbar. Es ist eine Phase, in der sich gerade im Blick auf den Ich-Komplex und die Identität große Veränderungen anbahnen. Hat man das Erlebnis, in den besten Jahren zu sein, dann weiß man zugleich, daß keine besseren folgen werden. Aus den Erfahrungen der Lebensfülle heraus, die in dieser Zeit vorhanden ist, kündigt sich zugleich die Lebenswende an; wir sind mit 40 in der Lebensmitte, wenn wir mit unserer Lebenserwartung heute etwa auf 80 hinsteuern. Eine Frau in diesem Alter, auf der Vierziger-Schwelle, träumt, sie stehe vor einem langen, schweren Kreuz, das von ihr auch noch zu einem Flughafen gebracht werden soll. Das macht sie betroffen. Herrschte bis jetzt noch das Lebensgefühl des Auf-der-Höhe-Seins – auch das Kreuz will sie ja noch zum Flughafen bringen! –, so beginnt nun doch das Wissen von der bevorstehenden Lebenswende zunächst wie eine dunkle Hintergrundmusik, wie ein „Kreuz", das sie zu schleppen hat. Andererseits drückt sich das ebenfalls altersgemäße Lebensgefühl der Fülle um die Vierzigerjahre herum darin aus, daß man vieles ins Leben gerufen hat, was einen jetzt braucht, die eigenen Kinder, die Schüler, Patienten, die Beziehungen, die Berufsleistungen, so manche Strategie auch im Umgang mit sich selbst. Im allgemeinen leistet man sehr viel in dieser Zeit, für Beziehungen und Familie, für das berufliche Bezugsfeld, steht in vielfältigen Verantwortungen für die Gesellschaft, aber das gilt in dieser Phase als normal, wird von uns erwartet, wird nicht mehr speziell vermerkt. Was wir tun, muß deshalb in sich stimmig und auch für uns selber nährend sein, sonst stört das Ausbleiben narzißtischer Gratifikationen allzusehr, die wir als junge Menschen für die gleiche Leistung noch bekommen hätten. Jetzt wird nur noch bemerkt und vermerkt, wenn wir einmal die erwartete Leistung nicht erbringen. Ist unser Ich-Komplex zu wenig stabil und kohärent und wird er in dieser Zeit zu wenig von außen bestätigt, reagieren wir möglicherweise mit Angst und Überkompensation. Wir können unseren Selbstwert in dieser Phase nicht mehr dadurch aufbessern, daß wir uns vornehmen, alles, was wir bis jetzt noch nicht geschafft haben, irgendwann doch noch einmal zu erbringen, so wie wir uns das früher immer vornehmen konnten. Wir merken plötzlich: Es ist nicht mehr grenzenlos Lebenszeit vorhanden. Auch pflegen sich immer mehr Situationen zu wiederholen. Damit wächst zwar die Erfahrung, aber es stellt sich auch ein leiser Überdruß ein, der Sisyphos-Mythos scheint ein Mythos der 40jährigen und der noch Älteren zu sein (Verena Kast). Von 40 bis 55 rechnet man ja diese Phase, diejenige des „mittleren Erwachsenenalters", mit 40 fängt diese Phase also erst an. Das Erleben des etwas Langsamerwerdens gehört dazu, vor allem im Blick auf mögliche Spitzenleistungen. Diese Grenzerfahrung kann aber nun auch dazu führen, paradoxerweise, daß wir endlich das, was ist, genießen lernen, denn auf was sollen wir eigentlich noch warten, und daß wir akzeptieren, gewöhnliche Menschen zu sein, denn was sollen wir denn darüber hinaus noch werden? Diese Phase kann dazu führen, daß wir uns einverstanden erklären, vielleicht sogar zum erstenmal, mit dem, was wir geworden sind, einschließlich eines leise alternden Körpers. Verleugnen wir dies aber, erwartet uns Resignation, vielleicht Verbitterung. Akzeptieren wir es unter echter Trauerarbeit, bleibt uns die Lebendigkeit erhalten, auch in den neuen Grenzen. Ingeborg Bachmann, die unter dieser Phase sehr gelitten hat, die, wie ich meine, letztlich an ihr gescheitert ist, in einem suizidal wirkenden Unfall: sie wußte doch genau, um was es in dieser Phase geht. Und in bestimmten Momenten stand sie ganz dazu. In einem ihrer Gedichte heißt es:

„Bin ich's, so ist's ein jeder, der ist so viel wie ich.
Ich will nichts mehr für mich, ich will zu Grunde gehn.
Zu Grund, das heißt zum Meer, dort find' ich Böhmen wieder.

Zu Grund gerichtet wach ich ruhig auf, von Grund auf weiß ich jetzt.
Und ich bin unverloren."
(Aus: I. Bachmann, Böhmen liegt am Meer)

Es ist dies ein subtiles Sprachspiel mit dem Wort und dem Bild „Grund". Den Ausdruck „Zugrundegehen" betont sie nämlich so, daß man die ursprüngliche Wortbedeutung heraushört und sie bildhaft sieht. Als ein Gehen zum Grunde. Es kommt ihr nicht mehr auf die narzißtische Sonder-Persönlichkeit mit ihrem Sonder-Status an, die die berühmte Schriftstellerin mehr noch als wir anderen auch an sich hatte. Sie will nichts mehr für sich, sondern dieses narzißtisch gestörte Ich will zu „Zugrunde gehen".

Für die Frauen fällt in diese Phase des mittleren Erwachsenenalters der Beginn der Wechseljahre, die Zeit des Abschieds von der Gebährfähigkeit, meist auch von den erwachsenen Kindern, Jahre aber auch des Aufbruchs in eine neue Freiheit hinein, als eigener Mensch mit einer neuen weiblichen Identität. Die großen Frauen in Politik, Kunst, Therapie gehören alle in diese Altersphase. Eine Neuorientierung wird möglich, wann und wo unser Ich-Komplex in dieser Altersspanne verhältnismäßig emanzipiert ist, so wie er sein könnte und sollte. Konflikte mit der Umwelt kommen in dieser Lebensphase als selbstverständliche Begleiterscheinungen des Daseins nicht mehr unerwartet und können uns deshalb nicht mehr völlig aus der Bahn werfen. Der Umgang mit Konflikten ist so geübt wie nie zuvor, wir haben unsere Strategien, wir wissen in diesem Alter einigermaßen um die Natur des Menschen und damit auch um die eigene, um Aggressionen, um Neid, um Vorurteile. Haben wir die eigene Schattenhaftigkeit erkannt, so können wir realistisch damit umgehen, so müssen wir uns wegen des Schattens der anderen nicht alles und alle anderen entwerten – und damit auch uns selber nicht. Das ist die Chance dieser Phase. Unsere grundlegenden Komplexe werden auch in dieser Phase noch spürbar erscheinen als die Probleme, die uns charakterisieren: „Den einen Fehler immer wieder machen, den Fehler, mit dem ich ausgezeichnet bin." (Ingeborg Bachmann). Wir wissen dann, daß wir ihn immer wieder machen werden. Wir übernehmen in diesem Alter auch sehr viel mehr an Verantwortung für uns selbst als in früheren Phasen, delegieren weniger an andere: Es muß nicht mehr einfach mein Mann schuld sein, nicht mehr einfach meine Mutter, nicht mehr einfach meine Frau, nicht mehr einfach mein Vater, sondern an mir liegt es, wie ich mein Leben in die Hand nehme, ich bin nicht mehr das Kind, das einmal so abhängig war, daß es sich, wohl oder übel, an die Erwartungen seiner Bezugspersonen anpassen mußte.

Jetzt kann gefragt werden, was für mich persönlich in diesem Leben wesentlich ist angesichts seiner Grenze. Auch unter spiritueller Perspektive wird beim Überschreiten der 40er-, spätestens der 50er-Schwelle die Lebensgrenze sichtbar samt allen mit dem Tode zusammenhängenden Fragen. Es entsteht eine große Frage an unseren Narzißmus und unsere bisherige Identität. Der Tod als Annulierer und Erwecker wird sichtbar. Die Frage nach dem Wesentlichen erwacht. Was will ich einbringen in dieses Leben? Ein demütiges Einfügen ins größere Ganze ist gefragt, aus dem zugleich eine große Freiheit, Befreiung auch von dem ewigen Kreisen um sich selbst, erwachsen kann. Spirituell suchen und finden viele in diesem Alter einen Zugang zur Praxis der Meditation, zu ganzheitlicher leib-seelischer Erfahrung. Die Menschheitstradition der Mystik, die über jede konfessionelle Enge hinausweist, spricht viele an und wird im persönlichen Erleben präsent. – Wenn es mir nicht gelingt, meinen natürlichen Narzißmus oder gar meine mitgebrachte narzißtische Störung loszulassen, hier ein letztes Mal vielleicht auch behandeln zu lassen, dann droht das Alter zu einer Katastrophe zu werden. Eine andere Fehlentwicklung in diesem Alter wäre, sich selbst zum Guru für andere zu machen, eine Versuchung, die wir ja auch als Therapeuten kennen, in der Form, daß wir die Sehnsucht dieser Altersstufe nach „Generativität", nach Menschen, die unser Werk weitertragen, in eine Guruhaftigkeit verwandeln, die andere, jüngere von sich abhängig macht und sie nie aus der Schülerschaft entläßt. – Dann wäre die Generativität wieder ins Egozentrische verkehrt und nicht in eine Öffnung zum größeren Ganzen hin gewendet worden.

Spirituell stellt sich im späteren Lebensalter – das „späte Erwachsenenalter" rechnet man ab 55, das eigentliche Alter ab 75 – das große Thema des Loslassens, des Loslassen-Könnens als uraltes, mystisches Therma: Das Thema einer Ars moriendi, einer Kunst, sterben zu können. Unsere christlichen Vorfahren haben diese „Kunst" ein ganzes Leben lang geübt, in all den kleinen Loslaßphasen, die das Leben uns abverlangt. Und es galt als eine spirituelle Kunst, immer freier zu werden vom Narzißmus. Es stimmt wohl, daß gerade in unserer Zeit die narzißtische Störung sich häuft, übrigens eine der häufigsten Konstellationen für spätere Sucht. Wo es nicht gelingt, sich in das größere Ganze hinein loszulassen, hinzugeben, und von daher auch genährt zu werden, dort muß eigentlich ein Verzweiflungsakt erfolgen, daß man sich irgendeiner Sucht ausliefert.

Im hohen Alter erfolgt der Rückzug, der Mensch muß wieder abhängig werden können, die Kunst, abhängig zu sein, wieder erlernen. Der Ich-Komplex verliert seine Flexibilität, so kann es zu sturem Egoismus, starrem Festhalten einerseits, andererseits zu gelöstem Aufgeben aller Egozentrik kommen. Eine Frau sagt: „Seit ich mich nicht mehr bewegen kann, sehe ich die Blumen viel genauer." Es ist dieses Gelöstsein, das das Alter auszeichnen kann. Ich denke, es kommt in allen Lebensabschnitten darauf an, die narzißtischen Krisen, die sie auslösen, zu bestehen, sonst kommt es zu einem überaus angstvollen Festhalten des sich immer mehr entziehenden Lebens: Z. B. kommt es häufig zu dem Verarmungswahn des Alters. Unmittelbar vor dem Tod ist eine Zurückorganisation auf das Körper-Ich zu beobachten, aus dem der Ich-Komplex des kleinen Kindes einmal erwuchs. Es ist wichtig, daß begleitende Personen durch Berühren und liebevolles Dabeisein mit diesem Körper-Ich Kontakt halten. Auch in diesem Alter ist der Archetyp des Kindes und letztlich der des Narren konstelliert, der seine Freiheit haben darf und wahrnimmt. Wir sollten deshalb, so meine ich, die Alten nicht künstlich in soziale Aufgaben einspannen, als ob ihnen nur das Selbstwert geben könnte, sondern sie wirklich in die Freiheit entlassen, wie wir sie uns heute auch selbst wünschten, wenn wir alt wären. Eine alte Frau starb mit dem Traum, es seien zahlreiche junge Kälbchen und Fohlen im Stall und sie drängten ungeduldig in die Freiheit.

Von Lebensphase zu Lebensphase sind Schwellen zu überschreiten, Opfer zu bringen, um frei zu werden für Neues, sind Übergänge zu bestehen, zu denen wir Zeit brauchen, Zeit für uns selbst. Im alten Israel gab es die Vorstellung von einem Sabbatjahr. Alle sieben Jahre sollten sich die Bauern dazu entschließen, die Äcker ruhen zu lassen, sie sollten nicht bestellt werden, so wie es auf Malta z. B. noch gehandhabt wird. Mit den Feldern zusammen sollten natürlich die Menschen ausruhen dürfen, frei sein dürfen, wenigstens alle sieben Jahre. Was hieße das, alle sieben Jahre ein Sabbatjahr zu haben, das Feld unseres Lebens nicht zu bestellen, es ausruhen zu lassen, damit es sich unterdessen umorganisieren kann? Frei zu sein von den Zwängen des Berufes, der Hetze, frei zu sein für das Eigene, vielleicht auch für die Störungen, die wir aufzuarbeiten haben, und sei es in einer Klinik, Zeit zu haben vor allem für Beziehungen, für Liebe, Zeit ist ja heute gar nicht mehr primär Geld, sondern Liebe. Das hieße zugleich, frei zu sein für schöpferische Tätigkeit und frei zu sein letztlich für das Geheimnis unseres Lebens – unsere Sehnsucht nach der Transzendenz.

Goethe: Altersgedichte

4.
Raum neuen Lebens
Im Umfeld des Geborenwerdens

Die langgehegten Lebensträume vieler, zu denen Gebärenkönnen und Kinder haben gehören, erfüllen sich häufig erst dann, wenn die betreffenden einen wirklichen Lebensraum für Kinder zur Verfügung stellen können. Dazu gehört die Außenwelt, die auch eine hinreichend liebevolle Beziehung zueinander als künftige Eltern, aber auch durch eine einigermaßen tragfähige berufliche Situation mit genügenden Einkommensverhältnissen gekennzeichnet ist. Vor allem wichtig ist aber die Innenwelt: daß eine Mutter, ein Vater wirklich für das Kind bereit sind und ihm auch innerlich Raum geben.

An Beispielen heutiger Lebensgeschichten, aber auch aus der generationenalten Lebensweisheit der Märchen werde ich im nächsten Kapitel aufzeigen, welche Voraussetzungen dazu gehören, damit neues Leben sich bei uns „einzunisten" vermag: damit so etwas wie ein Nest entsteht, das dazu notwendig zu sein scheint, wie es sich auch am Scheitern manchen Herzenswunsches erweist, solange dieses Nest für ein Kind innerlich und äußerlich noch nicht vorhanden ist.

Eine besonders wichtige Voraussetzung scheint die zu sein, daß die künftige Mutter – mutatis mutandis gilt es auch vom Vater – selber zu ihrem Geborensein, ihrem Dasein ja sagen können. Hierfür spielt die Einstellung zur eigenen Geburt und ihren Begleitumständen eine größere Rolle, als wir es manchmal wahrhaben wollen. Es zählt, ob wir freudig begrüßt wurden, als wir ankamen, doch jedenfalls akzeptiert, oder ob wir unseren Eltern, vielleicht einer alleinstehenden Mutter, eher ungelegen kamen. Nicht weniger wichtig als diese Voraussetzungen, die wir meist von den Eltern noch erfahren können, ist unsere heutige Einstellung zu den Umständen unserer Geburt: ob wir uns, auch wenn es Schwierigkeiten gab, dennoch bejahen können, als Kinder des „größeren Lebens" gleichsam, nicht nur unserer persönlichen Eltern. Oder ob wir uns ganz und auf Dauer von den damaligen Begebenheiten und Einstellungen unserer Eltern ableiten, uns direkt damit identifizieren.

Solche gebrochene Einstellung zum eigenen Dasein könnte sich in der Tat auch darauf auswirken, ob wir später eigene Kinder haben wollen und können, sei es nun in physischer oder auch in psychischer Hinsicht.

Bedenkenswert, wenn auch nicht gleich alles erklärend, erscheinen mir in diesem Zusammenhang auch die Beobachtungen von Stanislav Grof, der von den Schwierigkeiten Erwachsener bei neuen Lebensübergängen zurückschließt auf deren durchlebte Geburtsprozesse und dabei jeweils die Phase des Geburtsvorgangs bedenkt, in der vielleicht vergleichbare Schwierigkeiten aufgetreten sein könnten wie diejenigen, unter denen der Erwachsene jetzt leidet. Nach Grof könnte es befreiend sein, die Stationen des Geburtsprozesses, die seinerzeit mit Schwierigkeiten durchlaufen wurden, nun noch einmal bewußt durchzuerleben, um möglicherweise von den Blockaden frei zu werden, die damals entstanden sind.

Grof erstellte in diesem Zusammenhang eine ganze Topographie der typischen Stationen des Geburtsvorgangs, die er auch symbolisch zu deuten versucht. Im kritischen Umgang mit diesen symbolischen Stationen und der ihnen entsprechenden Erfahrungsmuster, die sich im heutigen Verhalten der Erwachsenen immer wieder spiegeln, ließen sich möglicherweise die bisherigen Grenzen unseres Erlebnisraums erweitern und neue Räume erschließen. Der wichtigste Zielgedanke wäre dabei der, daß es darauf ankäme, unsere eigene Geburt auch psychisch ganz zu durchlaufen und dabei neu zu erfahren, was es hieße, „geboren zu werden, ehe wir sterben".

Dieses bewußte Geborensein scheint zugleich die Voraussetzung dafür zu bilden, daß wir im eigenen Leben fruchtbar werden und eigene Kinder haben können, sei es im physischen oder auch im psychischen Bereich, wo innere Kinder zu gebären wären.

„Das einzige religiöse Erlebnis, das zählt in meinem Leben, ist die Geburt meiner Tochter", so berichtet mir eine auf den ersten Blick recht herbe junge Frau, Ende Zwanzig, Naturwissenschaftlerin: „Als ich sie auf meinem Bauch liegen fühlte, mit ihrem warmen Körper, ihrem winzigen Köpfchen mit dem schwarzen Haarschopf, da habe ich einfach geweint vor Freude."

Sie hatte zuvor zwei Abgänge gehabt, weil das Gewebe der entsprechenden Organe noch nicht kräftig genug war, ein Kind zu halten. Sie war während der beiden ersten Schwangerschaften lange Wochen im Bett gelegen, weil immer wieder Blutungen aufgekommen waren. Trotz aller Vorsicht und Vorsorge hatte sie beide Male das Kind in den ersten Monaten der Schwangerschaft wieder verloren und hatte sehr unter dem Verlust gelitten. Doch bei der dritten Schwangerschaft war alles normal verlaufen. Ihre Freude war groß: „Jetzt ist wirklich alles bereit für das Kind", sagte sie, „erst jetzt bin ich wohl ganz reif dafür." Wenn sie es recht überlege, fügte sie hinzu, dann habe sie die ersten beiden Male doch auch noch Angst vor der Verantwortung für das Kind gehabt. Auch sei die Beziehung zu ihrem Mann noch gar nicht tragfähig gewesen, sie hätten noch viel mit sich selber zu tun gehabt.

So ist es öfter zu beobachten – auch wenn wir diese Vorgänge nicht verallgemeinern dürfen –, daß Abgänge und Fehlgeburten nicht nur auf physiologische Ursachen zurückgehen, sondern auch auf psychologische: daß irgend etwas wirklich noch nicht reif ist für die Geburt des Kindes, sei es in der Einstellung der Frau, sei es in der Situation, in die das Kind hineingeboren werden soll. Dann ist es, als verweigere sich die Natur. Oft ist die Einstellung der Frau zu ihrer Weiblichkeit, zum Mutterwerden noch gar nicht klar, wenn die

Frau schwanger wird: Manchmal liegt ein Problem mit der eigenen Mutter zugrunde, die keine überzeugende Anschauung für das Muttersein bot. Vielleicht besteht auch ein Konflikt zwischen der vertrauten und geliebten Berufsrolle, die das Leben der jungen Frau bisher ausfüllte – samt den Hoffnungen auf weitere Entfaltung im Beruf –, und der nun noch so fremden und irgendwie altmodischen Mutterrolle, die alle Zeit und Kraft auf sich zu ziehen droht.

Auch kann in der Beziehung zum Partner, zum künftigen Vater des Kindes, noch vieles ungeklärt und unsicher sein, vielleicht lehnt er es im Grunde noch ab, Kinder zu haben oder die Beziehung so verbindlich werden zu lassen, daß Kinder in ihr geborgen wären. Viele junge oder gerade auch ältere Frauen stehen dann vor der schwierigen Frage, ob sie es sich selbst – und auch dem Kind – zutrauen, zumuten wollen, für dieses Kind eventuell allein einstehen zu müssen. Es kommt heute auch nicht so selten vor, daß beide Eltern zögern, ein Kind in diese Welt zu setzen, die sie von schleichenden Umweltschäden bis hin zu potentieller Kriegsgefahr so sehr bedroht sehen, daß sie es fast unverantwortlich finden, Kindern eine solche Welt zuzumuten. Dabei: nur wenn Kinder da sind, wenn wir Kinder haben, werden wir das äußerste tun, diese Welt lebenswert zu erhalten.

Wenn unter solchen inneren Zweifeln doch eine Schwangerschaft entsteht, kann es gut sein, daß die Natur dieses im Grunde ungewollte Kind wieder abstößt; erst nach Behebung der Zweifel würde sie es halten. Es ist aber heute, ebenfalls aus Zukunftsangst heraus, eine Gegenbewegung im Gange: Kinder werden von vielen Paaren, auch von alleinstehenden Frauen leidenschaftlich gewünscht, ja dem Leben abgerungen. Wenn es also ernstzunehmende seelische Gründe dafür gibt, daß Schwangerschaften nicht gleich wunschgemäß verlaufen, dann gilt es doppelt skeptisch zu sein, wenn Eltern mit ihrem Kinderwunsch die Natur gleichsam zu erpressen versuchen; wenn sie ein möglicherweise psychisches Problem durch physische Manipulation lösen wollen und so erzwingen möchten, was noch nicht reif ist. Es gibt da in den letzten Jahren verschiedene diskutable Operationen an der Mutter, darüber hinaus aber gibt es auch Erwägungen und Möglichkeiten zur extracorporalen Befruchtung, wenn es einer Frau aus gesundheitlichen oder anatomischen Gründen ganz unmöglich erscheint, selbst ein Kind auszutragen. Am schwierigsten kommt mir dabei die Vorstellung vor, das Kind gleichsam durch eine Leihmutter austragen zu lassen.

Ist es vorstellbar, daß eine Leihmutter nach den erlebnisreichen und auch entbehrungsreichen Monaten der Schwangerschaft, nach dem gewaltigen Vorgang der Geburt, der Leib und Seele einer Frau aufs äußerste herausfordert, das Kind weggibt an dessen „legitime" Eltern, als hätte sie gar nichts damit zu tun? Zwar habe ich in einem Interview eine französische Leihmutter, die – selbst Mutter zweier Kinder – schon zwei Kinder anderer Eltern stellvertretend austrug, so reden hören, als verstehe sie dieses Austragen als einen Dienst der Nächstenliebe an kinderlosen Paaren, eine Hilfeleistung wie eine andere auch. Doch bleibt zu fragen, ob dabei nicht zumindest eine etwas gewaltsame Abspaltung der seelischen Seite des Geburtsvorgangs erfolgen muß, die doch vermutlich auch Auswirkungen auf das Kind hat, das während Schwangerschaft und Geburt von der Leihmutter, die es gebiert, gar nicht persönlich gemeint ist, gar nicht persönlich gemeint sein darf.

Ehe man solch schwerwiegende Manipulationen erwägt, wäre es zumindest aufschlußreich, nach der psychischen Seite solcher mißglückender Schwangerschaften zu fragen. Wie gesagt, es kann daran liegen, daß eine Frau mit ihrem Frausein als solchem noch gar nicht im reinen ist; daß sie sich vielleicht lieber im Beruf weiter entfalten will, als so viele Kräfte, so viel Zeit an ein Kind abzuzweigen. Vielleicht auch traut eine Frau sich das Kinderhaben noch gar nicht zu, weil sie nicht genug Selbstvertrauen dazu hat, weil sie noch stark von ihrer Mutter abhängig ist, die ihr noch gar nicht zugesteht, eine erwachsene Frau geworden zu sein, die Kinder haben könnte. So ist dann der Wunsch nach einem Kind direkt mit einem Schuldgefühl beladen. Solange es so ist, enden alle Schwangerschaften, kaum begonnen, in einem Abgang. – Ein Vorgang, der *betrauert* werden will! Mit einer Kerze, die ich aufstelle, mit einem Brief an das Kind, mit einer Phantasie um das Kind, das in mein Leben kommen wollte.

Selbst in den Märchen hat sich dieser Vorgang, der eine junge Frau heftig zu erschüttern vermag, an vielen Stellen niedergeschlagen: Dort erscheint während der Schwangerschaft oder kurz nach der Geburt oft eine „schwarze Frau" – als die Verkörperung eines noch ungelösten, noch dunklen Mutterkomplexes – und entreißt der jungen Frau jeweils das Kind. Erst durch einen längeren Entwicklungsweg, auf dem sie das Problem mit der Mutter und dem Mütterlichen aufarbeitet, wächst der jungen Frau in den Märchen die Kraft zu, ein Kind zu halten, zu behalten. Meist werden ihr dann in den Märchen auch die zuvor verloren geglaubten Kinder zurückgebracht. Das heißt psychologisch, daß im Grunde kein einziger sehnsuchtsvoller Gedanke an ein Kind, keine Woche einer ehrlich durchlebten Schwangerschaft seelisch „verloren" ist: Dies alles weckt und entfaltet die Gefühle, die eine Frau braucht, um ein Kind wirklich aufnehmen, austragen zu können.

So ging es auch der Frau, von der ich zu Anfang berichtet habe: Auch der Schmerz, auch die Trauer um die zwei verlorenen Kinder bereiteten in ihr dem Kind, das dann wirklich kam, die Bahn, den Raum, ließ die mütterlichen Gefühle ausreifen, in die es sich dann bergen konnte, die es dann umfangen konnten. Auch diese recht ehrgeizige, in der naturwissenschaftlichen Forschung tätige Frau war während der ersten beiden Schwangerschaften mit ihrer Existenz als Frau noch nicht im reinen gewesen. Eigentlich hatten sie bis dahin ihre Forschungen mehr interessiert als Kinder.

Zudem war auch ihr Mann, ein Fachkollege, mehr an wissenschaftlicher Zusammenarbeit interessiert gewesen als an Familiengründung. So spiegelte der Organismus der Frau, der zunächst eine Schwangerschaft verweigerte, nur ehrlich wider, daß noch keine volle Bereitschaft, ein Kind zu haben, bestand: weder von der Beziehung zwischen den potentiellen Eltern her noch von der Einstellung der künftigen Mutter zu ihrer Weiblichkeit her.

Kinder lassen sich dennoch ertrotzen: gegen den Widerstand der Natur, die es besser weiß. Auch dazu kann uns die uralte Erfahrungsweisheit der Märchen sagen, was es für das Kind bedeutet, auf irgendeine Weise dem Leben abgetrotzt zu sein: Das bäuerliche Elternpaar in dem Grimmschen Märchen „Hans mein Igel", das unbedingt einen respektablen Hoferben haben möchte – also ein Kind aus Gründen des Prestiges und des Besitzes –, bekommt statt dessen einen Igel als Kind. Und das Königspaar in „Das Eselein", dem es vor allem um einen begabten Nachfolger und würdigen Erben des Reiches geht, bekommt statt dessen als Kind ein Eselchen.

Die Märchen wissen erstaunlich gut, wie die starken Erwartungshaltungen, die Eltern, die unbedingt ein Kind wollen, diesem entgegenbringen, das reale Kind, das dann geboren wird, beeinflussen, wie sie es aber auch in einem bestimmten Licht erscheinen lassen.

Angesichts der Wünsche des Königspaars, das sich ein hochbegabtes, schönes Kind wünscht, mit dem es repräsentieren kann, erscheint der unbekümmert-lebensfrohe, musikbegabte Sohn, den sie tatsächlich bekommen, als ein dummes kleines Eselein, mit dem sie nichts anfangen können. Die Mutter würde es in ihrer maßlosen Enttäuschung – wohl schon über sein Aussehen mit seinen übergroßen Ohren, seinem vorgeschobenen Kinn – am liebsten gleich nach seiner Geburt den Fischen zum Fraß vorwerfen. Hier rettet der Vater die Situation, indem er darauf verweist, daß sie ihr Kind doch noch einer höheren Instanz verdankten und sich entsprechend zu verhalten hätten.

Das Bauernpaar, das sein Igelkind unter anderem der Verwünschung verdankt, die der Vater ausstieß, als er so lange kein Kind bekam – „Ich will ein Kind haben, und sollte es ein Igel sein" –, ist in seiner Enttäuschung nicht bereit, daran zu glauben, daß auch dieses Stachelkind an seiner Mutter trinken könne und solle, sie sind überzeugt davon, daß es sie nur stechen würde. Infolgedessen wird dieses Kind gar nicht erst gestillt; es bekommt auch kein Bett, sondern nur eine Schütte Stroh hinter dem Ofen. Sie halten auch nicht für möglich, für solch ein Kind einen Paten zu finden.

Daß ein Kind im übertragenen Sinne stachlig wird, werden muß, wenn es die Ablehnung seiner Eltern, die Verweigerung des Hautkontakts, des Stillens spürt, kann nicht verwundern. Bis hin zu frühen Hauterkrankungen, Schuppenflechten und anderen Hauterkrankungen kann sich dies auswirken. Auch Übergriffe der Eltern, Vereinnahmungsversuche – indem sie das Kind mehr nach ihren eigenen Ansprüchen als nach seinen Bedürfnissen behandeln –, können eine Igelreaktion des Kindes zur Folge haben, so daß es von Anfang an abweisend, stachlig reagiert, sich einigelt.

Beide Kinder, von denen die Grimmschen Märchen berichten – „Hans mein Igel" wie „Das Eselein" –, haben allerdings dieses Trauma, von den Eltern bei der Geburt abgelehnt worden zu sein, durch einen erstaunlichen Lebenswillen, den ihnen die größere Mutter Natur selber eingegeben hat, überwinden und überwachsen können. Die Märchen wissen das, und neueste psychologische Forschung wird auch immer wieder darauf gestoßen, daß wir nicht nur die Kinder unserer persönlichen Eltern sind, nicht nur Produkte von deren Zu- und Abneigungen, sondern zugleich Kinder des größeren Lebens selbst, mit Kräften und Möglichkeiten begabt, die nicht nur aus der engsten Lebensgeschichte stammen, sondern aus den tieferen Ressourcen des Lebens selber. Die Astrologie und die Reinkarnationslehren östlicher Religionen wissen davon zu berichten, daß sich die Seele vor ihrer Wiedergeburt auf der Erde selbst die Eltern aussucht, von denen sie zu einem neuen Menschen gezeugt und geboren werden will: nicht nur, um glücklich zu werden, sondern um an eben diesen Eltern Probleme aufzuarbeiten, Herausforderungen zu erleben, die diese Seele zu ihrer Vollendung braucht.

Die angemessene Reaktion der Eltern auf dieses unausdenkbare und unverfügbare Geheimnis des Lebens, das ihr neugeborenes Kind darstellt, wäre deshalb immer wieder und ist auch immer wieder: Staunen.

Und so kann es denn auch geschehen, wenn ein Kind „ertrotzt" wurde, daß die Mutter in überglücklichem Staunen zuletzt doch ein gesundes Kind in den Händen hält: Barbara zum Beispiel, die mit 42 Jahren, alleinstehend, ihr erstes Kind gebiert, allen Ängsten, das Kind einer nicht mehr jungen Mutter könne behindert sein, zum Trotz. Sie ist sehr dankbar für dieses Kind, das sie noch haben darf.

Es gibt auch eine Alternative zum „ertrotzten Kind": das Adoptiv-Kind. Wann wird ein Adoptiv-Kind geboren? Ein befreundetes Ehepaar, das nach kinderloser Ehe schließlich zwei indische Mädchen adoptierte, erlebte die Begegnung mit dem ersten Kind so: Als die kleine Inderin, sechs Jahre alt, die neuen Eltern, von denen sie zuvor schon die Kleider, die es am Leibe trug, geschickt bekommen hatte, zum ersten Mal am Bahnsteig stehen sah, um sie abzuholen, sagte sie nur: „Und du bist meine Mami, und du bist mein Papi."

Und damit waren die beiden Eltern von dem Kind adoptiert. Aber es verzichtete nicht auf seine Geburt. Monatelang spielte das Mädchen immer das gleiche ernste Spiel, es bestand darauf: Vor dem Gutenachtsagen rollte es vom Schoß seiner Wahlmutter rückwärts zwischen deren Beine und schrie, bis es aufgehoben und warm an die Brust gedrückt wurde. So verlangte und vollzog dieses Kind das Geborenwerden, körperlich und seelisch, von der Frau, die es zu seiner Mutter gewählt hatte, bis es sich wirklich ganz als deren Tochter fühlte. Geburt ist mehr als ein biologischer Vorgang: Sie ist ein Zu-sich-Kommen als Mensch, als gewählter, geliebter Mensch, der sich auch selber annehmen kann.

Die Geburt ist ein gewaltiger biologischer Vorgang, und noch heute führt er gelegentlich an die Grenzen der Todesgefahr für Mutter und Kind: Eine Freundin erzählt mir davon, wie sie wegen der ungünstigen Steißlage ihres Kindes einer

Kaiserschnitt-Geburt zugestimmt hatte. Die Operation gestaltet sich wegen einiger unerwarteter Komplikationen langwieriger als erwartet, die Narkose dauert lange. Da erlebt sie in einer Art Traum während der Narkose, daß sie plötzlich in einer gewaltigen Spiralbewegung wie in einen Tunnel hineingezogen wird, von dessen Enden her ein heller Schimmer hereinbricht. Sie hat das Gefühl, als solle sie ins All hinausgerissen werden, ein Sehnsuchtsgefühl wie vor einer großen Befreiung beginnt sich wie ein Sog in ihr auszubreiten. Sie aber weiß, daß sie eben dabei ist, ihr Kind zu gebären. Sie freut sich sehr auf ihr erstes Kind, will nicht von ihm weggerissen werden, und so ruft sie mit aller Kraft nach ihrem Mann, von dem sie weiß, daß er während der Geburt neben ihr sitzt. Sie ruft, er solle ihre Hand halten, sie festhalten, daß sie nicht weggerissen würde von ihm und dem Kind.

Als sie als der Narkose aufwacht, wird ihr bestätigt, daß sie sich wirklich einige Momente lang in Lebensgefahr befunden habe. Das eigentliche Traumbild, von dem eine ganze Reihe reanimierter Menschen, die sich an der Grenze zum Tode befunden haben, berichten, erweist, daß der oft benannte „Sog nach drüben“ bereits bestanden hatte, daß aber die Erwartung der Geburt, dazu die Nähe ihres Mannes stark genug waren, sie in die diesseitige Wirklichkeit zurückzuholen. Bemerkenswert an diesem Geburtsvorgang war auch, daß zum Zeitpunkt der Geburt die Mutter zwar unter Narkose, der Vater aber sehr präsent war: Er nahm das Neugeborene zuerst an sich, wärmte und streichelte es. Es besteht bis heute – sie ist jetzt sechs Jahre alt – eine besondere Verbundenheit zwischen Vater und Tochter, bis dahin, daß die Tochter früher „Vater“ als „Mutter“ sagte. Auch die Anwesenheit des Vaters bei der Geburt hat also sehr wichtige Konsequenzen.

Das Traumbild von dem Tunnel, der mit spiraliger Drehung durchglitten werden muß – und der ins Helle mündet –, dürfte selbst eines der Bilder sein, die ursprünglich den Vorgang der Geburt abbilden, den wir alle einmal durchlebt haben und der uns seitdem wie eine Matrix, wie eine archetypische Prägung eingestiftet ist. Auch das Bild für das Sterbeerlebnis ist demnach analog zu dem Bild für das Geburtserlebnis in uns eingeprägt: Sterben können wir demnach wie ein Geborenwerden erleben. (Hier wurde also eine gebärende Frau selbst in das Erlebnis des Geborenwerdens – das fast zu ihrem realen Tod geworden wäre – hineingerissen.) Dieses Bild ist eine mächtige Stütze für die Religionen, die von Sterben und Wiedergeborenwerden sprechen, die den Vorgang des Sterbens selber als ein Wiedergeborenwerden in eine neue Lebensform hinein verstehen.

Der Psychiater und Psychotherapeut Stanislav Grof ist den sogenannten perinatalen Erlebnissen, den Erfahrungen des Kindes im Umfeld seiner Geburt, nachgegangen, wie sie sich in Träumen, aber auch in den visionären Bildern innerhalb einer LSD-Therapie darstellen oder seiner Ansicht nach rekonstruieren lassen. Grof sucht diese perinatalen Eindrücke als psychische Matrizen zu verstehen, an die sich auch in der späteren Lebensgeschichte jeweils verwandte seelische Erfahrungen beziehungsweise Bilder ankristallisieren, so daß bei den betreffenden Menschen in Träumen und Imaginationen typische Bilderfolgen entstehen, an denen sich ablesen läßt, in welchen Phasen des Geburtsvorgangs der oder die Betreffende Störungen erfahren oder sogar Schädigungen erlitten hat. Sowohl über den Vorgang des Geborenwerdens wie auch über das aus den verschiedenen Phasen der Geburt erwachsende Lebensgefühl hofft Grof wichtige Aufschlüsse zu bekommen, indem er die im Traum oder unter LSD aufkommenden Erfahrungen entsprechend analysiert. Auch wer diesem Zugang zum Geburtserlebnis mit Skepsis gegenübersteht, kann aus Grofs Forschungen wichtige Einsichten in die „Kartographie", in die innere Landschaft unserer Psyche gewinnen. Deshalb seien die perinatalen Grundmatrizen Grofs hier beschrieben:

Die biologische Grundlage für Grofs Grundmatrix I ist „die Erfahrung der ursprünglichen symbiotischen Einheit des Fötus' mit dem mütterlichen Organismus in der intrauterinen

Existenz". In störungsfreien Phasen des Lebens im Mutterleib können die Bedingungen für das Kind nahezu ideal sein. In den letzten Schwangerschaftsphasen pflegt die Situation für das Kind aber ungünstiger zu werden, da es gewachsen, seine Bewegungsfreiheit stärker eingeschränkt und die Plazenta relativ unzureichend geworden ist.

Der ungestörte intrauterine Zustand wird von entsprechenden Erfahrungen begleitet, die mit ihm das Fehlen von Hindernissen und Grenzen gemeinsam haben. Haben wir diese Phase im Mutterleib positiv erlebt, so gelingen uns auch später immer wieder friedvolle Vorstellungen von der Mutter Natur und unserer Vereinigung mit ihr.

Störungen des intrauterinen Gleichgewichts sind dagegen von Bildern und Erlebnissen begleitet, die die Gefahren unter Wasser, schmutzige Wasserströme, eine verseuchte oder ungastliche Natur zum Inhalt haben. Wer sehr stark an diese Phase seiner Geburt fixiert ist, wird auf alle Vorstellungen einer Gefährdung unserer Umwelt stark ansprechen und nur schwer an eine positive Wendung dieser Gefahren glauben können.

Das Erfahrungsmuster der perinatalen Grundmatrix II steht in Verbindung mit den ersten Anfängen des biologischen Gebärvorgangs und seiner ersten klinischen Phase. Hier wird das Gleichgewicht der intrauterinen Existenz gestört: durch alarmierende chemische Signale zunächst, denen Muskelkontraktionen folgen. Schließlich wird der Fötus in periodischen Abständen durch Gebärmutterspasmen zusammengepreßt. Da die Cervix geschlossen ist, ist der Weg nach außen noch unerkennbar. Die Gefühle der Angst werden immer stärker, ein Ausweg ist nicht sichtbar, Lebensgefahr wird wahrgenommen. Charakteristisch für diese Phase ist das Erlebnis, in die Mitte einer dreidimensionalen Spirale, eines Trichters oder eines Strudels hineingezogen, aber auch die Vision, von einem Ungeheuer erdrückt oder verschlungen zu werden; eine Variante dieses Erlebens ist der Abstieg in ein weitverzweigtes Grottensystem oder in ein unübersichtliches

Labyrinth. Ein Mensch, der auf dieses Stadium fixiert geblieben ist – durch irgendwelche besonderen Schwierigkeiten oder durch Überdehnung der Dauer dieser Geburtsphase –, kann noch als Erwachsener von dem Gefühl beherrscht sein, in einer alptraumartigen Welt wie in einem Käfig ohne Ausweg gefangen zu liegen.

Die perinatale Grundmatrix III ist mit der zweiten Phase der klinischen Geburt verbunden. Die Gebärmutterkontraktionen setzen sich fort, doch ist die Cervix nun erweitert und macht eine allmähliche Fortbewegung des Fötus durch den Geburtskanal möglich. Massiver Druck von außen, gelegentlicher Sauerstoffmangel und drohendes Ersticken begleiten diesen Durchgang. Symbolisch ist diesem Durchgang das Erleben des titanischen Kampfes um das Überleben mit außerordentlichen Erregungszuständen zugeordnet. Gewaltige Kräfte werden in dieser Geburtsphase wirksam: Mit einem Druck von 20 bis 50 Newton wird der zarte Kopf des Kindes in die enge Beckenöffnung gepreßt. Wer mit diesem Aspekt der dritten Grundmatrix konfrontiert ist, verspürt mächtige Energieströme, die sich aufstauen und in explosiver Weise entladen wie Vulkanausbrüche, Erdbeben oder Gezeitenwellen. Häufig werden zugleich innere Bilder von Feuerstürmen oder auch Verbrennungen erlebt. Mütter haben in dieser Phase der Entbindung häufig das Gefühl, daß ihre Vagina wie Feuer brenne. Es scheint angemessen, dieses Erlebnis zwischen Leiden und Ekstase als „vulkanische Ekstase" im Gegensatz zu der „ozeanischen Ekstase" der ersten Matrix zu charakterisieren. Hier ist der Fötus, die Person, aktiv beteiligt und gewinnt das Gefühl, daß das Leiden eine bestimmte Richtung nimmt und ein Ziel hat. Ein Symbol für den Übergang von der dritten zur vierten Grundmatrix ist der Vogel Phönix, der im Feuer stirbt, um sich aus der Asche wieder zu erheben und zur Sonne emporzuschwingen.

Die perinatale Grundmatrix IV steht im Zusammenhang mit der Entbindungsphase, mit der eigentlichen Geburt des Kindes. Das Vorwärtsgetriebensein durch den Geburtskanal erreicht seinen Höhepunkt, auf die extreme Steigerung von Schmerz und Erregung folgt unmittelbar die Entspannung und Erleichterung. Das Kind ist geboren und erblickt zum ersten Mal das überhelle Licht des Tages (oder des Operationssaales). Nach der Durchtrennung der Nabelschnur ist die körperliche Trennung von der Mutter geschehen, und das Kind kann zum ersten Mal die wärmende Mutter als Gegenüber erfahren.

In dieser Phase werden erstaunlich viele tatsächliche Ereignisse während der Geburt wie auch geburtshelferische Maßnahmen wahrgenommen, im Unbewußten gespeichert und unter besonderen Umständen – in Trance oder LSD-Sitzungen – tatsächlich erinnert. Auch diese Tatsache weist dringlich darauf hin, wie prägend die äußeren Umstände einer Geburt für ein ganzes Leben werden können; sie weist hin auf die Chancen einer Hausgeburt, die allerdings gegen die Gefahren, die bei ungünstiger Lage des Kindes bestehen, abgewogen werden müssen, denn auch die psychischen und physischen Behinderungen, die durch blockierte Geburtsvorgänge entstehen können, sind bedenkenswert.

Das symbolische Gegenstück zu diesem letzten Entbindungsstadium ist das Wiedergeburtserlebnis. Auf die Erfahrung der Vernichtung und des „Aufschlagens auf den Boden des Kosmos" folgen Visionen von blendend-weißem oder goldenem Licht, das übernatürliche Schönheit ausstrahlt.

Wie gesagt: Für Grof bedeuten diese vier Grundmatrizen nicht nur Erinnerungen an die reale Geburt, obgleich diese nach seiner Überzeugung in erweiterten Bewußtseinslagen exakt erinnert werden kann, sondern sie verknüpfen sich je nach der Matrix, die für unsere Geburt am bedeutsamsten war, mit weiteren Erfahrungen aus unserer Lebensgeschichte, aber auch aus transpersonalen Menschheitserfahrungen, bis wir durch die Verbindung mit diesen großen Bildern die Einseitigkeiten und Verbiegungen unserer Lebensgeschichte überwachsen. Therapie und Heilung bestehen nach Grof darin, daß wir das seelische Steckengebliebensein in bestimmten Phasen unseres Geburtsvorgangs überwinden und endlich bis zum vollen Geborenwerden und dem entsprechenden Befreiungserlebnis vordringen.

Erich Fromm gibt dem Bild der Geburt für den erwachsenen Menschen einen ähnlichen Stellenwert: „Kreativ zu sein bedeutet, den gesamten Prozeß des Lebens als einen Prozeß des Geborenwerdens zu betrachten und kein Stadium des Lebens als endgültiges Stadium anzusehen. Die meisten Menschen sterben, bevor sie wirklich geboren sind; Kreativität bedeutet, geboren zu werden, bevor man stirbt."

Zu sterben, ehe wir geboren sind, das wäre ein großes Unglück. Zugleich erweist sich das Bild der Geburt in diesem Ausspruch als etwas sehr Umfassendes, das noch immer vor einem jeden von uns liegt. Ganz geboren zu werden aus dem Mutterleib dessen heraus, was uns bisher genährt hat, was aber noch nicht wir selber sind, darum ginge es wohl für uns alle. Von diesem Geborenwerden sprechen die vielen Geburtsträume von Menschen, die oft längst über das Alter und die Lebensumstände hinaus sind, in denen sie selbst gebären könnten. So träumt eine 48jährige Nonne, die selbst gar nicht daran denken kann, ein Kind zu gebären, von der Geburt ihres Kindes, das nicht die häßliche breite Familiennase hat, sondern sehr schön aussieht und aufgegangen ist „wie ein noch warmer Geburtstagskuchen". Eva-Maria soll es in dem Traum heißen und soll schon in seinem Namen bezeugen, daß es die Erdmutter Eva mit der Himmelskönigin Maria verbindet. Dies beides zu verbinden hieße für diese Frau, endlich ganz geboren zu werden als ein Wesen, in dem die Kräfte des Himmels und der Erde, lebensgeschichtliche und transpersonale Erfahrungen zusammenkommen können, wie es in jeder rechten Geburt eines Menschen geschieht.

5.

Beziehungsräume
Die Kunst, sich abhängig zu machen

Unsere Lebensqualität hängt weitgehend davon ab, ob es uns gelingt, „Beziehungs-Räume“ zu erschließen. Was uns am meisten davon zurückhält, ist oft die Angst, sich dabei von einem anderen Menschen abhängig machen zu müssen. Auch ein übertriebener Kult der Autonomie, wie er in den letzten Jahrzehnten aufkam, ursprünglich, um das unzuträgliche Anpassungsverhalten in Beziehungen – bei Frau und Mann! – zu problematisieren, hat es vielen heute erschwert, zu ihrem Bedürfnis nach Beziehung zu stehen und die dabei entstehende Abhängigkeit in ihrem Stellenwert richtig einzuschätzen.

In diesem Kapitel werde ich Abhängigkeit und Anhänglichkeit einander gegenüberstellen und die Fähigkeit, sich an jemanden anzuschließen mit der unvermeidlichen Folge, relativ abhängig von diesem Partner zu werden, miteinander in Verbindung bringen: Ich stelle diese Verbindung zwischen Abhängigkeit und Anhänglichkeit aber nicht deshalb her, um den Faktor Abhängigkeit erneut abzuwerten und in Verruf zu bringen, sondern um ihn zu akzeptieren und ihn einzubetten in einen umfänglicheren Beziehungsraum, zu dem beispielsweise auch die Verläßlichkeit gehört. Verläßlich zu sein hieße ja, sich an gegenseitige Abmachungen zu halten, die natürlich immer auch ein wenig abhängig voneinander machen, ein wenig die Freiheit einschränken, zu tun oder zu lassen was man will. Verläßlich zu sein hieße, sich grundsätzlich an die Bezogenheit aufeinander zu halten, es bedeutete auch, daß mein Gegenüber verläßlich ist und die Abmachungen mit mir einhält, auch wenn dies seine Unabhängigkeit einschränkt.

Worum es mir im folgenden geht, ist dies: wie wir lernen könnten, mit der Abhängigkeit, die zu jeder Beziehung gehört, umzugehen, und dies nicht widerwillig, sondern freiwillig, nicht nur mehr oder weniger ungekonnt, sondern so gekonnt, wie man mit einem gut erlernten Handwerk umgeht, das man von Grund auf geübt und praktiziert hat.

Es brächte viel, die „Kunst, sich abhängig zu machen" mindestens so gut wie irgendeine Handwerkskunst zu erlernen und zu betreiben; ist sie doch eine der wichtigsten Voraussetzungen und eine Vorschule für die hohe Schule der Beziehungskunst überhaupt.

Wer nämlich ganz unfähig wäre, sich abhängig zu machen im Sinne solcher Anhänglichkeit, der müßte sich fragen lassen, ob er oder sie denn so stark um die autonomen Grenzen fürchten müsse, daß er oder sie nicht einmal auf eine Teilautonomie verzichten könnte. So verstehe ich im folgenden Kapitel die Abhängigkeit, die in Beziehungen entsteht, als Herausforderung an beide beteiligten Partner, sich in ihrer Identität tiefer und sicherer zu gründen, um ihre Grenzen auch in einer offenen Begegnung wahren zu können. Die Dialektik, die zwischen Anhänglichkeit und Abhängigkeit entsteht, könnte so, recht verstanden, sogar zu einem Anreiz für eine gemeinsame „Ko-Evolution" (Jürg Willi), zur gemeinsamen Entwicklung beider Beteiligten geraten. Der Angsttraum von der Abhängigkeit könnte sich so, in einen neuen Kontext gerückt, als Schlüssel für einen neuen Lebensraum erweisen.

Als man mich im Blick auf die „Lindauer Psychotherapiewochen" anfragte, ob ich über „Die Fähigkeit, abhängig zu sein", dort sprechen wolle, mußte ich schmunzeln: Quer zu allem, was dort vermutlich über die Gefahren der Abhängigkeit gesagt werden würde, sollte ich sprechen, eine Herausforderung, die mich lockte. Gehört doch das Abhängigsein des Menschen vielleicht nicht nur zu seiner Pathologie, nicht nur zu seiner Suchtstruktur, sondern zu seiner menschlichen Natur überhaupt? Wenn schon, dann reizte es mich, nicht nur über die Fähigkeit, sondern gleich über „Die Kunst, abhängig zu sein", zu sprechen.

Ich glaube, daß es sie gibt und nicht nur in dem ironischen Sinn, in dem Paul Watzlawick über „Die Kunst, unglücklich zu sein", schrieb.

Aufs erste betrachtet, würde man eher die Fähigkeit, unabhängig zu sein, als eine Kunst betrachten. Sie ist auch eine.

Und wer unter uns von sich behaupten könnte, unabhängig zu sein, der wäre kompetent, über diese Kunst zu sprechen. Ich bin es nicht. Ich bin abhängig von mir wichtigen Menschen, manchmal sogar von weniger wichtigen, von einer guten Atmosphäre, von meinem körperlichen Wohlbefinden, erst recht immer wieder von Zuneigung, Zärtlichkeit. Von so manchen Dingen, die ich liebe und brauche, bin ich abhängig, manchmal sogar vom Wetter, und immer bin ich dabei abhängig von einigermaßen reiner Luft, in der man noch atmen kann, von Wasser, das man noch trinken mag.

Wenn ich dies alles, die mir wichtigen Menschen und Dinge, die gute Atmosphäre um mich habe, fühle ich mich wohl, im Vollbesitz meiner Kräfte, bin ich guter und meist auch kreativer Stimmung. Wenn sie mir fehlen, sinkt mein Stimmungsbarometer, meine Kreativität, fällt mir nicht mehr viel ein, bin ich nicht mehr so empathisch.

Vor allem aber bin ich abhängig, weil und wo ich anhänglich bin, wo ich mich zugehörig fühle. Es wird mir doch niemals gleichgültig sein können, wie es einem mir wichtigen und lieben Menschen ergeht. Es wird mich doch nicht unberührt lassen, wenn es ihr oder ihm schlecht geht, nein, es wird meine eigene Stimmung entscheidend beeinflussen und nicht nur meine Stimmung, mein Handeln. Es würde mich erst recht nicht unberührt lassen, wenn dieser Mensch sich ein Stück weit aus unserer Beziehung entfernte, sich mir entzöge, während ich doch auf ihn warte, mich auf ihn beziehe. Unabhängigkeit unter Menschen wäre nur möglich um den Preis der Unbezogenheit.

Abhängigkeit ist, genau betrachtet, ein Beziehungsbegriff:

Abhängig sein heißt doch in Relation stehen, zu etwas, zu jemandem. So behaupten wir beispielsweise mit gutem Grund, das Wetter morgen sei abhängig von der Windgeschwindigkeit, mit der ein neues Island-Tief herankommt ... oder die Stabilität einer Beziehung sei abhängig davon, wie wichtige Interessen die beiden miteinander teilen ... Wir gebrauchen den Begriff „Abhängig sein" immer als Beziehungsbeschreibung. Im Englischen spricht man von „dependence", wenn es um Abhängigkeit geht, von „interdependence", wenn es um gegenseitige Abhängigkeit von Personen oder von Vorgängen untereinander geht. Auch hier handelt es sich um einen klaren Beziehungsbegriff. Für den Begriff der totalen Abhängigkeit im Sinne der Sucht, der Drogenabhängigkeit zum Beispiel, hat man dagegen einen eigenen Ausdruck: „drug adiction".

Wer „drug adicted" ist, der ist der Droge anheim gegeben. Dies ist eine andere Form der Okkupation als die der bloßen Abhängigkeit.

Es ist radikale absolute Abhängigkeit im Unterschied zu der relativen, die hier das Thema ist. Immerhin dürfen wir nicht übersehen, daß jede Relation zwischen zwei Polen, zwischen zwei Positionen, bis zur Aufhebung der einen gehen kann, so daß einer vom anderen dominiert wird. So sinkt die Waage, die Wippe eindeutig nach unten, wenn die eine Waagschale, die eine Seite der Wippe unverhältnismäßig belastet ist. Dann sitzt der zu Schwere unten, der zu Leichte oben: Die Wippe steht und läßt sich nicht mehr bewegen, das Spiel ist blockiert. Die Partner müßten also von adäquatem Gewicht sein, soll das Beziehungsspiel gelingen. Abhängigkeit, wie ich sie beschreibe, besteht in dem Balancespiel der beiden, die miteinander schaukeln, die untereinander in Beziehung stehen. Dieses Balancespiel in Gang zu bringen, in Gang zu halten, das wäre die Kunst, abhängig zu sein, die ich meine.

Das anschaulichste und angemessenste Bild für ein Voneinander-Abhängen als Beziehungsgeschehen ist wohl das einer Seilschaft im Gebirge. Da hängen alle Beteiligten am gemeinsamen Seil, hängen von ihm und voneinander ab. Das ist Interdependenz. Für mich bleibt die anschauliche Vorstellung einer Berg-Seilschaft, einer Seilschaft auf dem Gletscher, wo man einander vor dem Einbrechen in Spalten schützt, auch jetzt noch geeignet, um existentielles Voneinander-Abhängen zu beschreiben, auch nachdem der Begriff „Seilschaft“ im Zusammenhang mit der Aufarbeitung von Stasi-Gefolgschaften in der ehemaligen DDR einen negativen Beiklang erhalten hat. Für Bergfreunde bleibt die ursprünglich positive Erfahrung. Wichtig für unser Verständnis für Abhängigkeit ist auch, daß sie wie eine Seilschaft für eine bestimmte Bergtour freiwillig eingegangen ist und nach der Tour auch wieder gelöst werden kann. Die „Kunst, abhängig zu sein“, sofern sie als „Kunst“ geübt wird, beruht auf einem Modus: dem Modus, grundsätzlich freiwillig die jeweilige Abhängigkeit eingegangen zu sein und sie auch wieder lösen zu können. Solange die Seilschaft aber besteht, während sie besteht, bedeutet sie schicksalhafte Abhängigkeit. Ich trage hier die anderen mit, werde aber auch mitgetragen. Wenn auf dem Gletscher auf unübersichtlichem Gelände Schnee oder Eis durchbrechen und ich über einer Spalte im Bodenlosen hänge, dann fängt die Seilschaft mich auf. In seltenen und tragischen Fällen kann ich auch mitgerissen werden in den Sturz von anderen. Entweder mitgetragen oder mitgerissen zu werden, das ist das hohe Risiko, das ich eingehe, wenn ich mich von jemandem abhängig mache. Aber im Regelfall ist das Aneinander-gebunden-Sein einer Seilschaftsgruppe, die Abhängigkeit aller voneinander, gerade das Tragende und das Rettende, dazu geht man sie ein. Eine Seilschaft wird die Zugehörigen niemals fallen lassen. Sie sind und bleiben verbindlich aufeinander bezogen. Voneinander abhängig zu sein im Sinne dieser Bezogenheit, das gilt nicht nur in den seltenen Fällen solcher Extremsituationen, wie ich sie eben beschrieben habe – diese machen vielmehr deutlich, worum es geht –, es gilt jedoch vielmehr auch in zahllosen Situationen des Alltags.

Voneinander abhängig zu sein, das heißt zum Beispiel, sich aus einem spannenden existentiellen Gespräch mit einem neu gefundenen Gesprächspartner losreißen zu können, weil zu Hause die Kinder auf ihr gewohntes Zu-Bett-geh-Ritual warten. Es heißt, ein anregendes Fest, in dem eben die Stimmung steigt, zu unterbrechen, weil man einer Freundin noch einen Anruf versprochen hat. Es heißt, auf eine große Bergwanderung mit Freunden zu verzichten, weil sich der alte Vater an diesem Sonntagnachmittag auf einen kleinen Spaziergang mit einem freut. Daß die anderen Zuverlässigkeit von einem erwarten, das ist das Lästige an jeder verbindlichen Beziehung, das Lästige, das einfach jede Beziehung enthält und was einen die Abhängigkeit von anderen manchmal quälend erleben läßt. Soll es denn nicht mehr erlaubt sein, sich etwas spontan einfallen zu lassen, die Abmachungen anderer samt deren Erwartungen über den Haufen zu rennen? Lästig, zu einer bestimmten Zeit zu dem Essen kommen zu sollen, auch wenn es Freunde für einen vorbereitet haben! Nicht minder lästig aber auch, selbst mit aller Liebe für Freunde ein Essen vorbereitet zu haben – zum Beispiel Felchen aus dem Bodensee, bei dem die Kochzeit stimmen muß –, und diese Freunde haben sich dann irgendwo versessen und lassen lange auf sich warten!

Ausschließlich als lästig könnten wir diese Abhängigkeit, dieses Angewiesensein auf einen anderen und aufeinander betrachten, wären wir nicht selber in der gleichen Weise auf die verläßliche Bezogenheit des anderen angewiesen, darauf, daß der versprochene und sehnlich erwartete Anruf auch wirklich kommt; darauf, daß sowohl die Spaziergänge als auch die Gute-Nacht-Rituale eingehalten werden, auf die wir uns freuen! „Es muß feste Bräuche geben", sagte der Fuchs zum kleinen Prinzen bei Saint-Exupéry, „ich muß wissen, wann mein Herz da sein soll." Mit diesem Ausspruch erweist sich der Fuchs als ein Meister in der Kunst, abhängig zu sein.

Es gibt demgegenüber auch eine Unfähigkeit zur Abhängigkeit. Sie beruht auf einer ausgesprochenen Angst, sich zu verlieren: sich zu verlieren, sobald ich spüre, daß ich an einem anderen Menschen zu hängen beginne, daß ich anhänglich werde, daß ich ihn brauche. „Verdammt nochmal, ich hänge an ihr!" – sagte mir kürzlich ein Bekannter über die beginnende Beziehung zu einer Frau. Er geriet fast in Panik darüber.

Warum diese Angst, sich zu verlieren, sobald Abhängigkeit aufkommt? Die Angst kommt offenbar besonders stark bei solchen Menschen auf, die Mühe haben, sich abzugrenzen und das für sie zuträgliche und genießbare Maß an Nähe herauszufinden und es dem Partner auch zu vermitteln. Sie haben Angst, ihre Grenzen zum anderen hin nicht halten zu können und unkontrollierbaren Grenzverschiebungen zu ihren Ungunsten ausgesetzt zu sein.

Am schwierigsten auszuhalten ist Abhängigkeit für uns alle dann und dort, wo wir in uns selber nicht gut gegründet sind, wo wir keine klare Identität haben. Es braucht nämlich Mut dazu, sich von jemanden abhängig zu machen und setzt eine genügend starke Selbstgewißheit und Identität voraus. Die Anhänglichkeit an einen Menschen fordert letztlich dazu heraus, die Gründung in sich selbst, die eigene Autonomie zu kräftigen, zu vertiefen. Ein hinreichend in sich fundierter Mensch vermag sich dann auch auf einen anderen zu verlassen und insofern von ihm abhängig zu machen, auf Gegenseitigkeit – einseitig wäre es noch schwerwiegender, noch kritischer im Sinne der auszubalancierenden Wippe. Aber auch ein gewisses Ungleichgewicht wäre nicht unmöglich, würde Beziehung nicht von vornherein unmöglich machen: wenn ich beispielsweise als Lernende bei einem Lehrer oder bei einer Kollegin, die mir überlegen ist, mir aber viel zu geben hat, noch einmal in die Schule gehe, wenn ich als Supervisandin bei einem Kollegen lerne. Es setzt eine gewisse Stärke voraus, sich selbst als Lernenden oder als Ratsuchenden zu akzeptieren und nicht immerzu über diese relative Abhängigkeit, die dadurch entsteht, zu rebellieren, was dann die Gestaltung dieser Beziehung unmöglich machte. Selbst innerhalb einer Psychotherapie erweisen sich ja die Menschen als mühsam, die so ichschwach sind, daß sie die relative Abhängigkeit einer therapeutischen Beziehung nicht verkraften, sondern andauernd gegen das Eingehen dieser relativen Abhängigkeit rebellieren, so daß es überhaupt nicht zu Aufbau und Ausgestaltung der Beziehung kommen kann. Da wird besonders deutlich, wie Ich-Stärke und die Fähigkeit zur Abhängigkeit zusammenhängen, daß das keine sich ausschließenden Begriffe sind, sondern einander bedingende und herausfordernde.

Völlig unabhängig von solchen Bezogenheiten wären wir nur um den Preis der Unbezogenheit, der Unverbindlichkeit. Die Kunst, abhängig zu sein, wäre also eine Kunst, die mit freiwillig eingegangenen, aber auch mit unvermeidlichen Verbindlichkeiten umzugehen weiß, schließlich so gekonnt umzugehen, daß Spielraum und Spielfreude entstehen und eine gewisse Meisterschaft errungen werden kann.

Diese Kunst setzt voraus, ja sie fordert dazu heraus, sich seines Eigenseins, seiner Identität bewußt geworden zu sein, sie immer souveräner einsetzen zu können, so daß die partielle Abhängigkeit, die aus frei bejahter Anhänglichkeit entsteht, immer mehr zu einer Abhängigkeit wird, sich aufeinander zu beziehen, teilzuhaben und teilzugeben, zu einer Kunst der Gegenseitigkeit.

Es fällt mir doch kein Stein aus der Krone, wenn ich auf einen Impuls, eine Idee eingehe, die zuerst vom Partner, von der Partnerin kommt, sei es die Idee zu einer Reise, zu einem Gespräch oder auch der Impuls zu einer zärtlichen Berührung. Darauf einzugehen, kann doch sehr schön für mich werden, auch wenn ich damit zugleich den Wunsch des anderen erfülle. Wo das Balancespiel gelingt, wird morgen auch mir der Wunsch erfüllt werden, den ich an den Partner oder die Partnerin herantrage. Das alte, sprichwörtliche „do ut des", „ich gebe, damit du gibst", drückt zwar die primitivste, noch jedem Egoismus offene Form des Teilgebens aus und ist doch schon einen Schritt weiter, als das doch oft einfach vorausgesetzte: „Ich gebe nichts, und du sollst trotzdem geben".

Wie gut täte es alten und neuen Beziehungspartnern, immer wieder einmal gesagt zu bekommen, auch mitten im legitimen Kampf um Autonomie, daß wir nicht ohne einander leben möchten, daß wir einander brauchen – vor allem, wenn das auch stimmt. Wieviel lieber würde dann der betreffende Partner seiner Partnerin einen Autonomiewunsch zugestehen – und umgekehrt –, als wenn einander immer wieder gedroht wird: Ich könnte mich ebenso gut von dir scheiden lassen und wäre am liebsten schon längst von dir geschieden ...

Wir sprechen hier wohlgemerkt von einer partiellen Abhängigkeit, von „dependence", einer partiellen Abhängigkeit – nicht von „adiction"! –, die in dem Maße bejaht werden kann, als ich in mir begründet bin, meine Grenzen halten, meine Tore öffnen und auch schließen kann: Dem steht die absolute Abhängigkeit gegenüber, eine brutale „drug adiction" beispielsweise, der gegenüber es sehr die Frage ist, ob es noch eine „Kunst" gäbe, mit solchen Formen der Abhängigkeit umzugehen, es sei denn in Gestalt einer Therapie.

Es besteht in der Tat ein gewaltiger Unterschied zwischen der relativen Abhängigkeit voneinander, die ich zur Kunst entwickeln kann, und einer absoluten, die sich zur Sucht auswachsen wird. Absolute Abhängigkeit beruht auf absoluter Bedürftigkeit, wie sie wohl aus der frühkindlichen Erfahrung, nicht angenommen worden zu sein, entsteht. Analog dem Zusammenhang zwischen relativer Abhängigkeit und Geborgenheit besteht eine Korrespondenz zwischen absoluter Abhängigkeit und Ungeborgenheit. Es liegt auf der Hand, daß die Gefahr der totalen Abhängigkeit immer dort entsteht, wo jemand nicht in sich gegründet ist, wo er sich im anderen Menschen zu verlieren droht, seine Tore nicht mehr zu schließen vermag, wenn er sie einmal geöffnet hat. Hier entsteht die Gefahr der Invasion und Okkupation durch den eindringenden anderen, der Vereinnahmung durch den anderen und der Entwertung des Eigenen, so wie es auch in größeren sozialpsychologischen Zusammenhängen passieren kann, wenn zum Beispiel ein Staatswesen wie die ehemalige DDR ihrer Identität nicht mehr sicher ist. Hier entsteht im individual- wie im sozialpsychologischen Bereich die Gefahr einer so übermächtigen Faszination von anderen, einer so großen Sehnsucht nach Verschmelzung, daß die entstandene Abhängigkeit zum Ertrinken des einen im anderen ausarten kann, zumeist des kleineren im größeren Teil. Das Gegenüber wird zunächst eingesogen – „Ich ziehe es mir hinein", wie die Drogen-User sagen –, meist aber hält es dieses Gegenüber nun seinerseits nicht aus, so einverleibt zu werden und entzieht sich fluchtartig. Auch dem Einverleibenden, sich selbst aufgebenden Teil, bekommt die Verschmelzung nicht: Er speit im schlimmsten Fall das Einverleibte voll Ekel wieder aus. Je abhängiger jedoch jemand war, desto schlimmer die nun folgende Verlassenheit – sie ist oft so abgrundtief, daß künftig gar keine Form von Abhängigkeit mehr riskiert wird, auch keine relative, auch keine therapeutische, damit aber auch keine Form von Beziehung mehr.

Weil Beziehung unter solchen Bedingungen nicht glücken kann, tut sich hier ein ständiges Einfallstor für alle möglichen Ersatzbefriedigungen auf. Dabei gibt es nach neuester Sicht vermutlich doch keine spezielle Suchtpersönlichkeit – obgleich frühe Störungen aufgrund der tiefen Selbstwertproblematik, die sie in sich tragen, dafür am anfälligsten erscheinen – sondern wir müssen damit rechnen, daß jeder Mensch die Fähigkeit, süchtig zu werden, mitbringt, daß es sich um eine anthropologische Gegebenheit handelt, die sich in Anfälligkeiten für Arbeitssucht, über die Süchte nach Information, nach Mobilität und hoher Geschwindigkeit bis hin zu jeder echten Faszination auswirken kann, die, solange sie anhält, kaum von einer Sucht zu unterscheiden ist. Geht es bei der Sucht doch auch um einen elementaren Lebenshunger, existentielle Sehnsucht, einmal satt zu werden, nach Lebens- und Sinnerfüllung. Es geht doch auch darum, das Leben sich einzuverleiben, in sich hinein zu ziehen in vollen und wilden Zügen. Meist steht ein tiefes, existentielles Loch hinter jeder Sucht, das nach Überkompensation verlangt. Aber auch innerhalb dieser vitalen Lebensgier gibt es noch immer differenzierte Möglichkeiten, das existentielle Loch zu kompensieren, so daß unter Umständen durch eine solche relative Abhängigkeit, solange sie eine relative bleibt, schlimmere, umfassendere Bedürftigkeit aufgefangen werden kann. Ein Beispiel hierzu mag das verdeutlichen: Ein israelischer Kollege, ein sehr schöpferischer Mensch und begnadeter Psychotherapeut, raucht doch wie ein Schlot, auch während Therapien und Seminaren, weil er, wie er selber sagt, nur so die Spannungen und selbstdestruktiven Regungen kompensieren kann, die nach einer Kindheit im KZ in ihm sind. Er selbst geht verständnisvoll mit dieser Sucht um. Wer will hier beckmesserisch urteilen? Ein solches Beispiel weist uns auch darauf hin, daß wir in Interdependenz mit Geschichte stehen, mit übergreifender Geschichte, in die wir hineingestellt sind, es geht nicht nur um individuelle Problematik. Der Kollege kann durch exzessives Rauchen das schwere Trauma, das eine Kindheit im KZ hinterlassen hat, irgendwie im Alltag bewältigen.

Eine Sonderschullehrerin, die mit sozial schwer gestörten Kindern in den Randvierteln einer Großstadt arbeitet, einfallsreich und kreativ, kommt doch nicht dagegen an, oft am Abend etwas mehr Alkohol zu trinken als ihr gut tut, um ihr seelisches Gleichgewicht nach den außerordentlichen Streßsituationen des Schulalltags wieder herzustellen. Sie kann es sich verzeihen.

Wir stehen auch in Interdependenz mit sozialen Umfeldern, sozialen Krisensituationen, an denen wir als Individuum teilhaben. Eine fast 60jährige Frau beginnt nach der Silberhochzeit mit dem notorischen Nicht-Raucher, den sie geheiratet hat, erstmals mit dem Rauchen, das sich bald so steigert, daß es suchtartig wird. Es geht ihr aber um ihre Emanzipation dabei. Sie möchte aufhören, die brave, angepaßte Frau zu sein, die sie in ihren eigenen Augen bis dahin war, sie findet es schick und ein bißchen verrucht, zu rauchen. Sie also braucht diese Abhängigkeit zur Unabhängigkeit.

Als letztes Beispiel für solche kompensierende relative Abhängigkeit möchte ich noch einen Kollegen nennen, der sich wie viele von uns bei jeder Kränkung seines Selbstwertgefühls etwas Schönes zu kaufen pflegt, das ihn tröstet und in seinen eigenen Augen aufwertet. Einmal war eine Kränkung so groß, daß er sich ein Klavichord für etwa 30000 DM kaufen „mußte", womit er Schulden machte und sich dadurch erneut abhängig fühlte, aber immerhin hat er nun ein Klavichord, und die Freude, darauf zu spielen und zu üben wiegt einiges auf. Die „Suchtgefahr" hält sich dabei in Grenzen. Mit solchen Eratzbefriedigungen ist es natürlich wie mit einer Plombe: Sie heilt nicht unbedingt die Wurzelerkrankung des Zahns, aber sie stillt die Schmerzen und ermöglicht uns, samt unseren kleineren oder größeren Beschädigungen zu leben. Auch dies ist eine Kunst des Überlebens, die wir nicht ganz verachten sollten.

Freilich kompensieren wir unsere tiefere Ungestilltheit oft mit Dingen, die nicht wirklich nähren können. Nach meiner Erfahrung und der der Jungschen Psychologie gibt es eine Möglichkeit, die nährt, eine Möglichkeit, so mit dieser existentiellen Ungestilltheit umzugehen, daß wir dabei nicht noch mehr von Menschen oder Dingen abhängig werden: Es ist die Möglichkeit, mit oder ohne Therapie, sich wieder zu öffnen für die großen Erfahrungen und Bildgestalten aus der Tiefe unserer Psyche, dem Unbewußten oder auch Überbewußten, die gerade bei großer innerer Seenot aus dem Grund unserer Seele aufsteigen und sich ins Sichtbare verdichten können, sei es durch Träume, durch Phantasien, eigene Gestaltungen. Solch ein archetypisches Bild steht oft auch hinter unseren Komplexen. Wenn wir wagen, tief in unsere Komplex-Landschaft hineinzugehen, sie auszufantasieren, können wir auf dem Grund unserer Komplexe solche Lebens-Symbole finden. Letztlich handelt es sich dabei um eine spirituelle Möglichkeit, die auch uns heutigen Menschen mit unserer reflektierten Subjektivität offen steht.

Auch hier stellt sich zunächst nur die einzige Frage, ob wir uns auf solch eine Erfahrung überhaupt einlassen können, ob wir den Mut haben, uns die Abhängigkeit von etwas, das tiefer und größer ist als wir selbst, einzugestehen und zuzugestehen. Dann kann unsere Abhängigkeit vom Unbewußten zur Hingabe werden an etwas, das uns umgreift und birgt. Auch solchen Menschen, denen die persönliche Mutter oder der persönliche Vater nicht gerecht zu werden vermochten, können an den überpersönlichen Bildgestalten, die auch das große Väterliche, das große Mütterliche symbolisieren samt den zugehörigen Emotionen, eine letzte Verankerung im Sein wiederfinden und erfahren. In den inneren Bildern vermögen wir uns schließlich so zu gründen, daß uns die Abhängigkeit von Menschen nicht länger zur absoluten, sondern nurmehr zur relativen gerät.

So erging es einer meiner Analysandinnen, schon in den Fünfzigern stehend, Pädagogin von Beruf, die von einer kargen Mutterbeziehung geprägt war, einer Mutter, die sie in ihrer Eigenart nicht gesehen und der sie es nie hatte recht machen können trotz heißer Bemühung. Als die Älteste einer großen Geschwisterschar hatte sie immer schon viel Verantwortung und selbst ein Stück Mutterrolle übernommen, zugleich um die Anerkennung der Mutter durch die Leistung zu gewinnen. Von dieser Mutter, die sie nie ganz hatte akzeptieren können, war sie gerade deshalb nie losgekommen. Noch mit 49 Jahren suchte sie es ihr recht zu machen und endlich die Anerkennung zu bekommen, die sie als Kind vermißt hatte. Da man sie zu Hause oft übergangen hatte, hatte sie im Zusammenhang mit Übergangenwerden einen richtigen Komplex entwickelt, der sich so auswirkte, daß sie zum Beispiel sehr stark reagierte, wenn sie bei einer terminlichen Abmachung etwas warten mußte oder wenn gar ein Termin verschoben werden mußte. Sie empfand dann ihre Abhängigkeit von dem Menschen, auf den sie sich eingestellt hatte und der sie deshalb so schmerzlich warten lassen konnte, als so stark, daß sie manchmal am liebsten die ganze Angelegenheit fallen gelassen hätte. Dieser Frau gelang es jedoch im Verlauf einer Therapie, in der sie natürlich auch die Bezogenheit ihrer Therapeutin erlebte, über das imaginierte Bild eines Brunnens, in den sie hinabstieg, den Zugang zu ihrer eigenen emotionalen Tiefe wiederzufinden. Ausgerechnet ein schweineartiges Wesen – eine Muttersau? –, die ihr am Brunnen begegnete, wies ihr den Weg in die Tiefe des Brunnens zu einer Erdfrau, die in vielen Zügen der Frau Holle des gleichnamigen Grimmschen Märchens glich. Das Auftauchen des Schweine-Symbols hatte sie zunächst sehr verwundert, bis sie beim Besprechen der Imagination merkte, daß es alles das verkörperte, was ihrer eigenen Mutter gefehlt hatte, die Erdverbundenheit, die elementare Mütterlichkeit, die Fähigkeit, sich selber zu sättigen und auch andere zu nähren, die Fähigkeit schließlich auch, lustvoll in der Erde zu wühlen und sich zu suhlen. Bei näherem Zusehen erkannte sie im Schwein das symbolische Begleittier großer Muttergottheiten wie der kretisch-griechischen Demeter. So gelang es schließlich dieser Frau, das Bild der überpersönlichen Erdmutter wiederzufinden samt der entsprechenden Emotion des Vertrauens in die Basis ihres Lebens, ein Bild, dem sie sich mehr und mehr annäherte, auch indem sie die Erdfrau ihrer Imagination malte, sie besonders gern in Ton modellierte, in Erde also, bis es zu einem wirklichen Dialog mit dieser Erdmutter kam. In ihrem Tagebuch und in aktiven Imaginationen begann sie einen richtigen Dialog mit ihr zu führen, in dem sie schließlich unter großer innerer Bewegung sie anzusprechen wagte. Sie sagte: „Wie im Gebet." Es war ein Tabu-Bruch für die protestantisch erzogene Frau, aber innerlich notwendig. Auf ihren Urlaubsreisen auf den Inseln Malta und Kreta entdeckte sie noch weitere solcher Tonfiguren früher weiblicher Gottheiten, die der Erdfrau ihrer Imagination in vielem glichen. Über diese Annäherung an die uralt-gegenwärtige Erdmutter ihres Traumes erfuhr sich die betreffende Frau auch selber wieder als zur Erde gehörig, als Erdtochter: Sie erfuhr sich von der Erde, vom Leben selber als einer größeren als ihrer persönlichen Mutter angenommen und begann sich nun vor allem in ihrer Körperlichkeit wieder zu entdecken, die ja vom Erdsymbol mitgemeint ist, die sie aber als Tochter einer kargen, wenig körperbezogenen Mutter auch an sich selber bisher wenig gewürdigt hatte. Sie erlaubte sich zum Beispiel endlich, die Seidenblusen zu tragen, die sie immer geliebt hatte und die ihrem Hautgefühl schmeichelten, sie begann liebevoll für sich selber zu kochen und öfters auch Freunde einzuladen. Kurzum, sie begann sich auf vielen Gebieten Gutes zu tun, sich selbst eine Mutter zu werden. Dies alles war für die eher spartanisch aufgezogene Tochter aus reformiertem Pfarrhaus, die eher am Vater orientiert gewesen war, etwas sehr Neues. In der Folge kam es zu einer viel größeren Tragfähigkeit in ihren Beziehungen, nicht zuletzt in unserer therapeutischen Beziehung, sie wurde toleranter im Ertragen der kleineren und größeren Abhängigkeiten, die eben jede Bezogenheit aufeinander mit sich bringt.

Schließlich vermochte sie in ihrer neugewonnenen Selbstgewißheit sogar ihre persönliche alte Mutter besser zu ertragen und deren Erwartungen nach Zuwendung, die ihr bisher immer nur Schuldgefühle gemacht hatten, mit etwas Humor und Sachlichkeit entweder zu erfüllen oder auch nicht. Zu ihrer Verwunderung begann die Mutter, seit die Tochter auch einmal nein zu sagen wagte, deren Grenzen mehr zu respektieren, deren Gewohnheiten und Interessen wahrzunehmen und sogar mehr nach ihr zu fragen.

Abhängigkeit stellt ja immer ein System der Interdependenz, der Gegenseitigkeit dar.

Was machte nun nach allem, was wir schon überlegt haben, eine solche „Kunst, abhängig zu sein", letztlich aus? Zunächst einmal wäre es gewiß die Fähigkeit, das Unvermeidliche einer gewissen Abhängigkeit nicht nur zu sehen, sondern auch zu bejahen. Es wäre eine Kunst, die nicht zuletzt auch Humor voraussetzte, Humor als die Fähigkeit, einen Schritt zurück zu treten, sich selbst samt seinem Anspruch auf Autonomie ein wenig zu relativieren, sich selbst und seine Bezugspersonen in ihrer Begrenztheit zu sehen und doch die Angewiesenheit aufeinander nie zu verleugnen.

Vielleicht ist es sogar gut, wenn wir uns alle zu kleineren und größeren Alltagssüchten bekennen müssen, es macht uns nämlich toleranter und für andere genießbarer.

Humor kann gelegentlich sogar ein Jugendlicher in der Autonomiekrise haben. Da sagte neulich einer: „So abhängig, daß ich einen Beruf wählen müßte, den meine Eltern verabscheuen, bin ich nicht mehr. Aber so unabhängig, daß ich einen wählen könnte, der sie freut, bin ich noch lange nicht."

Da wir nun einmal keine isolierten Einzelwesen sind, können wir im Rahmen unserer Angewiesenheit auf andere, unter den Bedingungen der Abhängigkeit also, auch Spielregeln, Gestaltungsmöglichkeiten finden, kreativ miteinander umzugehen und auch lustvoll zu leben. Ich muß dann nicht die falsch Unabhängige spielen, die ebenso gut allein leben, sich von Partnerin oder Partner jeder Zeit auch trennen könnte oder am besten schon getrennt hätte. Ich kann und mag meinem Gegenüber immer wieder einmal versichern, daß ich nicht ohne es leben möchte. Ich möchte doch auch im Ernst nicht leben ohne die wunderbaren Möglichkeiten, einander zu ergänzen und zu verwöhnen, gerade da, wo ich vielleicht allein nicht ganz so weit käme: So ist zum Beispiel der eine von beiden ein Meister im Kochen, die andere in allen Sparten des körperlichen einander Wohl-Tuns: vom Massieren bis hin zum Verbinden der Wunden. Die eine hat reichere, raschere Ideen bei der geistigen Arbeit, der andere sieht die Realisierungsmöglichkeiten bis hin zu den Formulierungskünsten.

Es gibt wunderbare Möglichkeiten, einander auf Gegenseitigkeit zu verwöhnen, ich möchte da nur jede und jeden unter uns an die eigenen Erfahrungen erinnern. Es gibt auch die Kunst, in äußeren Dingen partiell abhängig zu sein, zum Beispiel in gewissen materiellen Bereichen, auch dies auf Gegenseitigkeit: Wenn ich mir dabei meines Selbstwertes und meines Wertes für den anderen sicher bin, kann ich von meinem Gegenüber auch etwas annehmen, ob es sich nun um ein größeres Geschenk handelt oder um ein Darlehen. Natürlich kommt es auch auf dieses Gegenüber an: Ich muß darauf vertrauen können, daß es sich selber um die rechte Kunst, abhängig zu sein, bemüht, daß es um die Kunst des Balancespieles weiß. Dann kann ich auch etwas von ihm annehmen. Die Kunst, abhängig zu sein, hat überhaupt immer mit diesen beiden Seiten zu tun: Wie ich sie mir selbst gegenüber ausübe und wie ich sie mit einem Gegenüber gestalte. Wo zum Beispiel dic Beziehung zwischen Eltern und erwachsenen Kindern hinreichend gut ist, werden Töchter und Söhne auch etwas annehmen können, eine Ausbildungsbeihilfe, eine Urlaubseinladung usw. Sie wissen, daß sie den Eltern Freude damit machen, wenn sie sich etwas von ihnen schenken lassen: Wo aber von dem einen etwas gemacht wird, um den anderen dadurch abhängig zu halten, kann es nicht angenommen werden: Dann würden sich die Kinder eher die Zunge abbeißen, ehe sie von solchen Eltern etwas dankend annähmen. Ich muß immer wieder daran denken, wie ein Analysand mir berichtete, wie er wutentbrannt und unter hohen Kosten ganze Kisten von Eingemachtem an seine Mutter per Expreßgut wieder zurücksandte, weil sie es ihm offensichtlich vor allem deshalb geschickt hatte, damit er käme, um sich zu bedanken. Es sollte allerdings den Eltern auch erlaubt sein, so meine ich, erwachsene Kinder hinauszuwerfen, wenn sie zwar mit zwei Koffern schmutziger Wäsche ankommen, in der Erwartung, daß man sie ihnen wäscht, aber unwillig, irgend etwas sonst von ihrem Leben mitzuteilen, weil sie genau von der Abhängigkeit ihrer Eltern wissen und deren Wunsch, sie wiederzusehen. Dabei läßt sich die lebenslange Beziehung zwischen Eltern und Kindern grundsätzlich nicht auflösen, auch bei aller Ablehnung der daraus entstehenden Abhängigkeit nicht. Die Familie ist überhaupt ein umfassendes Interdependenz-System, auch über Generationen weg. Diese Abhängigkeit läßt sich nur gestalten: ungekonnt oder eher gekonnt. Gekonnt wäre es, die erwachsenen Kinder durch besonderen Respekt vor ihren Schritten in die Selbständigkeit davon zu überzeugen, daß man sich noch für sie interessiert, daß nach wie vor eine Bezogenheit besteht und vielleicht über neuen Themen und Problemen sogar neu entsteht. Gekonnt wäre es, die Entwicklung eines Partners dadurch zu begleiten, daß man seine Schritte in die größere Selbständigkeit achtet, vielleicht sogar offen bewundert, sie mit ihm teilt und eigene Schritte der Selbstverwirklichung wagt. Auf dieses Teilhaben und Teilgeben kommt es bei der Kunst, abhängig zu sein, vor allem anderen an. Eine verheiratete Frau, die ihren Mädchennamen wieder annehmen wollte, was ihr ja kraft Gesetzes zusteht, fragte sich, ob sie es, ihrem ersten Impuls folgend, einfach tun sollte, ohne mit ihrem Mann Rücksprache zu nehmen: Einerseits hätte sie gerade das gerne getan, ihr Sinn für Bezogenheit sagt ihr jedoch, daß es angemessener sei, ihren Mann an diesem Vorhaben teilhaben zu lassen. So versetzte sie ihn überhaupt erst in die Lage, sein Verständnis für diesen Schritt zu zeigen, das in diesem Fall durchaus vorhanden war.

Dramatisch stellt sich die Frage des Teilgebens und Teilhabens dann, wenn in die Bezogenheit einer Zweierbeziehung ein Dritter oder eine Dritte aufgenommen werden soll, in welchem Sinn auch immer, weil einer der beiden ursprünglichen Partner sich auf sie zu beziehen beginnt. Nichts wird von dem Betroffenen im allgemeinen als härter und liebloser empfunden als wenn sie nicht einbezogen werden, wenn ihnen nicht teilgegeben wird an der neuen emotionalen Erfahrung des Partners oder der Partnerin. Dies wird als Bruch der ursprünglichen Bezogenheit aufeinander empfunden, auch weil es dem betroffenen Partner keine Möglichkeiten zur Teilhabe oder auch zur Abgrenzung bietet. Weder Abwehr noch Großzügigkeit konnten sich ausdrücken: So werden die Spielregeln einer Beziehungskunst verletzt. Andere betrachten es zwar vielleicht gerade als einen Teil der Kunst, abhängig zu sein, sich kleinere oder größere Freiheiten ohne Wissen des Partners herauszunehmen: Wo die Abhängigkeit zu rigide ist, mag dies als eine Notlösung verständlich sein. Eine Lösung ist es nicht, solange überhaupt eine Bezogenheit auf den ursprünglichen Partner noch besteht.

Gehören Teilhaben und Teilgeben zu den wichtigsten

Spielregeln einer Kunst, abhängig zu sein, so ist die Fähigkeit, sich abzugrenzen, nein zu sagen, mindestens die zweitwichtigste. Sie ermöglicht, die Abhängigkeit voneinander als relative zu erhalten, sie nie zu einer absoluten verkommen zu lassen. Sie enthält die Kunst, sich zu streiten, verschiedener Meinung zu sein und sich in dieser Unterschiedlichkcit auch auszuhalten. Es ist ungekonnt im Sinne unserer Kunst, abhängig zu sein, wenn ein Mann, Facharzt und überzeugt von der Schulmedizin und ihrem naturwissenschaftlichen Hintergrund, es seiner Frau wie einen Treuebruch ankreidet, daß sie, wie so manche heute, von Esoterik angezogen, nun die Kräftefelder der Chakras studiert und sich mit den Möglichkeiten der Bach-Blüten-Therapie befaßt. Sie möchte ihn anfangs teilhaben lassen: Er aber läßt sich, geradezu beleidigt von solcher Zumutung, nicht darauf ein. So grenzt auch sie sich ab und versucht nicht mehr, ihn an diesem für sie wichtigen Interesse teilhaben zu lassen. Sie lebt den entsprechenden Bereich mit gleichgesinnten Freundinnen, der Mann bleibt ausgespart. Dies ist in meinen Augen kein gutes Beispiel für die Kunst, sich abzugrenzen innerhalb einer Bezogenheit aufeinander. Immerhin ist es so besser, als wenn es gar keine Abgrenzung gegeben hätte, wenn sie ihr Interesse aus einem falsch verstandenen Symbiosewunsch heraus ganz aufgegeben hätte. Und es ist immer noch besser so, als wenn er seine Kritik vom Standpunkt der Schulmedizin aus gar nicht zum Ausdruck gebracht hätte – aus Angst, sie zu kränken und zu verlieren.

Die Kunst, sich abzugrenzen, wird von einem anderen Paar angemessener geübt. Er ist Computerfachmann, sie ist psychologische Beraterin. Auch hier sind ihre esoterischen Interessen ein ständiger Konfliktpunkt. Doch er liest, ungeachtet seines weltanschaulichen Hintergrunds, immer wieder einmal ein Buch mit ihr gemeinsam, das sie besonders interessiert – sie setzen sich zusammen auseinander, streiten. Er nimmt Anteile ihrer Perspektiven in sein Weltbild auf, sie bekommt Einblick in die Komplexität seines naturwissenschaftlichen Denkens, das sie sich zuvor auch allzu vereinfacht vorgestellt hatte. Sie lernt, hinter seinen nur spröde mitgeteilten Erfahrungen einer Wüstenreise, die er angesichts der unendlichen Weiten machte, auch bei ihm spirituelle Erfahrungen zu erkennen, und er ahnt Vergleichbares hinter ihrer Suche im esoterischen Bereich. Sie nehmen einander ernst in ihrer Unterschiedlichkeit. Sich abgrenzen zu können, ist der legitime Schutz gegen das Vereinnahmt- und Ausgenutzt-Werden, wie es in der relativen Abhängigkeit einer jeder verbindlichen Beziehung als Gefahr lauert. Es wäre gekonnt, die Abgrenzung jeweils mit dem Prinzip der Gegenseitigkeit fest zu verbinden. Zur Kunst, abhängig zu sein, gehörte es, auf Gegenseitigkeit aufeinander bezogen und abgegrenzt zu sein.

Nun geht es bei alledem nicht nur um ein Können, sondern gar um eine Kunst. Dazu bedarf es wie bei jeder Kunst einer Vision, einer großen Liebe zu ihrem Gegenstand, und schließlich eines starken Willens zu realisieren, was Vision und Liebe zum Gegenstand uns auftragen. Was wäre die Vision einer solchen Kunst? Abhängigkeit als Bezogenheit aufeinander zu sehen und zu praktizieren: als eine gestaltbare und genießbare Kunst der Gegenseitigkeit also, die sehr viel mehr wäre als nur ein gelebter positiver Mutterkomplex mit Einsprengseln von Autonomie.

Die Liebe zum Gegenstand, was wäre das hier? Sie bestünde zunächst in einer aufwertenden, bejahenden Sicht der Abhängigkeit im Unterschied zu der pauschalen Abwertung, wie sie in einem unbezogenen und realitätsfernen Kult der Autonomie in den letzten Jahrzehnten zuweilen aufgekommen ist. Hat die Abhängigkeit doch zu tun mit tiefen Beziehungswünschen, mit der Sehnsucht nach Verschmelzung, nach Geborgenheit. Diese Wünsche dürfen nicht als infantil bzw. als unerfüllbar heruntergespielt werden im Sinne der zu hoch hängenden Trauben, dic man von vornherein für sauer erklärt. Auf den Umgang mit ihnen kommt es vielmehr an, den ungekonnten oder eher den gekonnten, bei dem nämlich das Erfüllbare und das Lebbare vom Unerfüllbaren unterschieden und dann realisiert werden könnte. Das Unerfüllbare kann nicht realisiert werden, aber oft verzichten wir auch darauf, das Erfüllbare uns klar zu machen und dann auch zu leben.

Und hier hätte schließlich der unbedingte Wille zu realisieren, der jede Kunst ausmacht, seinen Ort: Er würde bedeuten, daß ich mich von nichts und niemanden abhalten ließe, die Kunst der Abhängigkeit als eine Kunst der Bezogenheit zu gestalten. Daß ich meine Partnerin oder meinen Partner dazu gewinne, unsere gegenseitige Abhängigkeit als Herausforderung aneinander zu leben, als Herausforderung dazu: stark genug zu werden in der eigenen Identität, um auch in der relativen Abhängigkeit sich selbst und frei zu bleiben, ja, es immer mehr zu werden. Relative Abhängigkeit voneinander treibt also geradezu die Autonomiebewegung hervor.

Die beiden Begriffe Autonomie und Abhängigkeit sind polar, nicht einander ausschließend. In einer zu starken Abhängigkeit vom anderen spüre ich ja zugleich mein nicht stark genug gegründetes Selbstsein: Im Ärger darüber sehe ich mich aufgefordert, mich tiefer in mir zu verwurzeln, mich in meiner Eigenart immer kraftvoller zu erfahren und zu profilieren; aber auch stark genug zu werden, um mich immer wieder verläßlich auf den anderen zu beziehen, emotional, geistig, körperlich und auch in materiellen Dingen.

Die Kunst, abhängig zu sein, bedeutet allemal: aus der nun einmal bestehenden Abhängigkeit etwas Verbindliches, etwas Gestaltbares und etwas Genießbares zu machen. Warum zum Beispiel eine Beziehung, von der man trotz aller Versuche nicht mehr los kommt, nicht eines Tages als verbindlich akzeptieren und damit als etwas Gewachsenes oder Gestaltbares und etwas Genießbares? Früher hätte man angesichts einer unzertrennlichen Beziehung gemeint, hier hätten die Götter gesprochen, diese Beziehung sei schicksalhaft, und hätte sie weiter zu gestalten begonnen, immer neu, statt sie immer wieder in Frage zu stellen, wie wir es heute oft allzu lange tun. Die Kunst, abhängig zu sein, setzt, wie wir sagten, ein Ja zu der Gebundenheit aneinander voraus, erst dann kann

Bezogenheit sich entfalten, erst dann kann sie bewußt gestaltet werden. Nur um diesen Preis ist der Anteil an Geborgenheit zu haben, den es unter Menschen gibt, den es aber auch wirklich und zuverlässig gibt.

Letztlich aber bedarf es zu dieser Kunst des Mutes oder der Demut, sich von etwas abhängig zu wissen, das uns umgreift und das größer ist als wir: Nennen wir es die Macht des Lebens selbst, die uns geboren hat und dies eben nicht als Vereinzelte, sondern in Interdependenz mit allen Lebewesen, die uns umgeben, im Kosmos des äußeren und der inneren Welt. Sich einzufügen in diese große Interdependenz, bescheiden, liebevoll, verantwortungsvoll: Das wäre sie, die Kunst, abhängig zu sein, die ich meine.

6.
Berührungsfelder
Die Haut als atmende Grenze

Eine sensible Zone, die unser Körperhaus nach außen abgrenzt und es von außen zugleich greifbar und berührbar macht, ist unsere Haut. Unsere Abgrenzungsfähigkeit wie unsere Berührbarkeit, aber auch unsere Berührungsangst findet hier ihren Ausdruck, ihr Erlebnisfeld, ihr Symbol. Lebensträume von Kontakt und Beziehung finden hier ihre Grenze oder ihre Erfüllung, ihren Erfahrungsraum. Sensibel sind die Reaktionen unserer Haut, spiegeln sie doch die ganze Skala unserer Emotionen zwischen Angst und Vertrauen. Wir können es am Händedruck eines Menschen spüren, an der Beschaffenheit seiner Haut, ob er freudig oder ängstlich auf uns zukommt, ob er sich uns zuwendet oder verschließt, aber auch, ob er selber sich in seiner Haut wohlfühlt oder im Augenblick lieber aus der Haut fahren möchte.

In diesem Kapitel werde ich das Erfahrungsfeld unserer Haut erkunden, die Haut als den Bereich, der unsere Körpergestalt umspannt und uns die Formung des Körperhauses, in dem wir wohnen, überhaupt erst ganz bewußt macht und in der sich deshalb von früher Kindheit an unsere Erfahrungen von Wärme, Nähe und liebevoller Berührung ebenso wie auch der bittere Mangel daran, niedergeschlagen und eingeprägt haben.

Probleme mit der Haut, Hautkrankheiten können mit diesen frühen Erlebnissen unseres Körperselbst in Zusammenhang stehen und lassen sich oft nur lösen, wenn wir unsere Lebensgeschichte bis dahin zurückverfolgen, wo das Problem entstanden ist.

Ich zeige an Fallvignetten aus der therapeutischen Praxis,

aber auch an Fallbeispielen aus der Erfahrungsweisheit der Märchen, in denen sich die intuitiven Erkenntnisse von Generationen spiegeln, wie solche Probleme mit der Haut – ob wir sie nun klinisch als Psoriasis, Schuppenflechte oder in der symbolischen Märchensprache „Igelhaut" nennen – angegangen werden können, bis sich, allen Schwierigkeiten zum Trotz, der Lebenstraum „Beziehung" erfüllt, auch bei solchen, die als Kinder wenig Zärtlichkeit und ungenügenden Hautkontakt bekommen haben.

Schon unsere Sprache zeigt in vielen Beispielen – sich wohlfühlen in seiner Haut; aus seiner Haut fahren –, wie eng nicht nur körperliches, sondern auch seelisches Befinden mit dem Wohlergehen der Haut verbunden ist.

„Es gibt keine Krankheit, die ohne Beteiligung der Haut geheilt werden könnte." So beobachtete schon Hufeland, ein bekannter Arzt der Goethe-Zeit. Den Ärzten der frühen Zeit galt das Integumentum als das ausgedehnteste Organ, kein bloßes Organ, schon gar kein Behältnis von Organen, sondern als „Kosmos Haut" (Aristoteles). Krankheiten in ihrer physio-psycho-sozialen Ursache und Art – wirken diese drei Faktoren nicht immer zusammen? – drücken sich durch die Haut aus: sie ist gleichsam unsere Tür zur Welt, unser Medium zwischen innen und außen. Die Haut vermittelt und macht es möglich: unser inneres Befinden auszudrücken und was von außen hereindringt, aufzunehmen. Unsere Haut also ist die wichtigste Kontaktzone des menschlichen Körpers zur Umwelt hin, ist Beziehungsfläche und Beziehungsstätte: zu sich selbst und zur Außenwelt. „Dieses Leibliche, dieses Leibhaftige der Haut ist zugleich Ausdruck unseres Weltbezugs, unserer mitmenschlichen und mitweltlichen Begegnungsmöglichkeiten" (Gion Condreau). So ist die leibliche Existenz der Menschen nicht einfach durch das, was wir Epidermis nennen, begrenzt, sondern die Haut verweist zugleich auf den Weltbezug des Menschen, auf Kontakt und Beziehung, also weit über das hinaus, was physiologisch an ihr feststellbar ist. Sagt man von einem Menschen, er habe eine „dicke Haut", so ist damit ja nicht der meßbare Hautdurchmesser gemeint, sondern ein gewisses Maß an Robustheit und hoher Toleranzschwelle in bezug auf die Einflüsse der Außenwelt und der Mitmenschen. Andererseits kann man eine „dünne Haut" haben, kann sich das Verhalten eines anderen sogar „unter die Haut" gehen lassen, womit wir den Grad an Sensibilität, Empfindsamkeit und Erregbarkeit umschreiben.

Diese Vorstellungen und Phänomene gehen weit über rein physiologische Erklärungsmodelle hinaus. Zwar versteht sich die innige Beziehung zwischen Haut und Psyche auch aus der entwicklungspsychologischen Tatsache, daß sich sowohl Haut wie Zentralnervensystem im Mutterleib aus demselben Keimblatt entwickeln. Doch wurden die psychischen Einflüsse auf die Haut auch experimentell untersucht. Durch Hypnose kann man bei ausreichend empfindlichen Personen bekanntlich Blasenbildung und Entzündungserscheinungen hervorrufen. Versuche dieser Art wurden zuerst von Doswald und Kreibich und später von zahlreichen anderen Forschern durchgeführt und beschrieben. Den Hypnotisierten wurde eine Münze auf den Handrücken gelegt und eine Verbrennung suggeriert, worauf prompt die Blasenbildung erfolgte. Äußerst sensibel also reagiert unsere Haut auf psychische, gleichsam auf neurolinguistische Beeinflussung.

Ein weiteres ist das sogenannte psychogalvanische Experiment von Wittkower, das er mit dem Assoziationsexperiment von C. G. Jung koppelte (bei dem bestimmte Worte, Wortreize bzw. Reizworte genannt werden, zu denen die Versuchsperson ein weiteres Wort assoziieren soll, z. B. zu der Farbe Rot). Das psychogalvanische Experiment beruht auf der Einsicht, daß Emotionen – durch solch ein Reizwort ausgelöst – eine elektrische Potentialveränderung in der Haut bewirken. Diese können durch entsprechend plazierte Elektroden abgeleitet und mit Hilfe eines Spiegelgalvanometers gemessen werden.

Auf die ganz hervorragende Rolle der Haut bei der seelischen Entwicklung von Mensch und Tier weisen andererseits

Beobachtungen hin, die sowohl an Menschen wie Tieren immer wieder zu machen sind: Kinder, die fast ohne Hautkontakt aufwachsen, haben es beispielsweise überaus schwer, überhaupt zu überleben; jedenfalls entbehren sie mit dem Hautkontakt auch dessen seelische Entsprechung, Zärtlichkeit, Geborgenheit und menschliche Wärme. Hautnähe, Streicheln und Küssen sind geradezu lebensnotwendig für werdende Lebewesen, ob es nun Menschen, junge Äffchen oder Kätzchen sind. Umgekehrt überleben oft kleine Kinder in schwerster Isolation, z. B. in dunklen Zimmern, bei geringer Bewegungsfreiheit und Nahrung, wenn sie dabei nur Hautkontakt zu den nahen Bezugspersonen behalten. Das Fehlen solcher Zuwendung führt nahezu notwendig zu Hautkrankheiten, darüber hinaus aber zu Nahrungsverweigerung, Kontaktlosigkeit, Frühstörungen, neurotischen Fehlentwicklungen vielfältiger Art. Andererseits führen auch Störungen im mitmenschlichen Beziehungsbereich fast regelmäßig zu ernsten Hautproblemen. Wie oft fällt die Entstehungszeit einer Hautallergie, auch wenn sie im übrigen auf Einwirkung von Schadstoffen beruht, exakt mit dem Zeitpunkt einer Beziehungsstörung zusammen.

Bei Hautaffektionen der Kleinkinder wäre es immer wichtig, nach der Einstellung der Mütter oder der nächsten Bezugspersonen zu diesen Kindern zu fragen, ob diese Kinder genügend angenommen, d. h. gestreichelt und geherzt wurden. Unter diesem Aspekt scheint es wenig sinnvoll, wenn man Kinder gleich nach ihrer Geburt ins Kinderbettchen wegsteckt, statt sie auf den Bauch der Mutter zu legen; wenn man ihnen, es sei denn aus Not, die Flasche statt der Brust gibt. Die anthroposophische Medizin arbeitet mit dem Einsalben der Kranken. Bäder und Massagen, bei denen die Haut intensive Berührung erfährt, gehören zu den ältesten Heilmethoden, auch für seelisch Kranke. Auch alte Menschen leben auf, wenn wir ihnen die Hand, den Arm, die Wange streicheln. Nichts erreicht den Menschen so lange, so tief, bis in den Bereich des Sterbens hinein wie die Berührung, der Kontakt zur

Haut. Alles was mich berührt, berührt mich auch über die Haut, die dann warm oder kalt wird, die blaß wird oder rot, bei der sich die Haare aufstellen, die Haare sträuben, die zur „Gänsehaut" werden kann.

Das althochdeutsche hut für Haut steht etymologisch mit cutis, dem Schild, dem Scutum in Verbindung, dem griechischen skytos, dem Ledersack – ist auch verwandt mit Hütte, Haus und Hort (die Haut ist gleichsam unser Haus und Hort). Der Zählebige hat nach dem Volksmund neun Häute zur Verfügung. Und auch diese kann man ablegen wie die sogenannte „Krötenhaut", die früher vielfach die Wäscherinnen befiel. Mit jeder abgelegten Haut – so häuten sich Schlangen – wird man neu. Probleme mit der Haut sind also Impulse zur Häutung, zur Wandlung, zur Neuwerdung – und oft muß man dafür durchs Feuer gehen!

Anne Maguiere bringt in ihrem Buch „Hauterkrankungen als Botschaften der Seele" (Olten 1991) die Psychosomatik der Hautkrankheiten mit der Symbolik der Schlange und des Feuers in Verbindung. Im Märchen müssen die Häute, meist Tierhäute, in die die Helden oder Heldinnen hineinverwunschen sind, abgelegt und ins Feuer geworfen werden!

All dies gehört zur Volksweisheit, die in Märchen und Sagen bis heute äußerst lebendig geblieben ist. Grimmsche Märchen wie „Hans mein Igel" oder „Das Eselein", ein russisches wie „Schweinehaut" wissen davon, wie sich bereits die Einstellung der Eltern zu ihrem Kinderwunsch auf die künftige Haut der Kinder auswirken kann, vor allem darauf, wie sich die Kinder in ihrer Haut fühlen werden. Unter den Nachstellungen ihres Vaters verkriecht sich die russische Prinzessin in eine Schweinehaut, in der sie stockhäßlich wirkt und die Stacheln aufstellen kann: Allerleirauh versteckt sich aus dem gleichen Grund unter einem Mantel, der wie eine rauhe Haut von mehreren Tieren wirkt. In „Hans mein Igel" – was ist das für ein komischer Name! – wünscht sich ein reicher Bauer partout einen Hoferben, damit er sein Hab und Gut weitergeben kann; aber auch, um so stolz dazustehen, wie die anderen reichen Bauern auch, die einen Sohn haben: Er will also einen Sohn fürs eigene Prestige, einen Sohn zum Haben, auch damit er das eigene Hab und Gut, den väterlichen Hof noch aufwerte und mehre. Ich zitiere hierzu den Anfang des Märchens „Hans mein Igel":

„Es war einmal ein Bauer, der hatte Geld und Gut genug, aber wie reich er war, so fehlte doch etwas an seinem Glück: er hatte mit seiner Frau keine Kinder. Öfters, wenn er mit den andern Bauern in die Stadt ging, spotteten sie und fragten, warum er keine Kinder hätte. Da ward er endlich zornig, und als er nach Haus kam, sprach er: ‚Ich will ein Kind haben, und sollt's ein Igel sein.' Da kriegte seine Frau ein Kind, das war oben ein Igel und unten ein Junge, und als sie das Kind sah, erschrak sie und sprach: ‚Siehst du, du hast uns verwünscht.' Da sprach der Mann: ‚Was kann das alles helfen, getauft muß der Junge werden, aber wir können keinen Gevatter dazu nehmen.' Die Frau sprach: ‚Wir können ihn auch nicht anders taufen als Hans mein Igel.' Als er getauft war, sagte der Pfarrer: ‚Der kann wegen seiner Stacheln in kein ordentlich Bett kommen.' Da ward hinter dem Ofen ein wenig Stroh zurechtgemacht und Hans mein Igel daraufgelegt. Er konnte auch an der Mutter nicht trinken, den er hätte sie mit seinen Stacheln gestochen. So lag er da hinter dem Ofen acht Jahre, und sein Vater war ihn müde und dachte, wenn er nur stürbe; aber er starb nicht, sondern blieb da liegen."

Der Kinderwunsch des Bauern wird umso dringender, um so fixierter, je weniger er in Erfüllung gehen will. Dieser Bauer mit seiner Frau kann und kann nicht fruchtbar werden. Er fühlt sich immer mehr beschämt, fühlt sich gehänselt von den Nachbarn, und schließlich versteigt er sich zu einem Kraftausdruck: „Ich will einen Sohn haben und sollt's ein Igel sein." – Also ein stacheliges, widerborstiges Kind könnte es seinetwegen sein. Wehe für das Kind, wenn's nun ein Mädchen geworden wäre! Wehe aber auch, wenn's nun wirklich ein Igel wird! Nein, es wird ein Junge – aber, in dem Märchen wird der Kraftausdruck des Vaters wörtlich genommen, als eine Verwünschung: Und so ist der Junge wirklich zugleich ein Igel geworden, genauer noch, mit den Worten des Märchens: halb ein Igel und halb ein Mensch. Den Rücken wohl, seine Rückseite müssen wir uns als Igelhaut mit Stacheln vorstellen!

Stellen wir uns diesen Jungen wirklich einmal vor Augen! Stellen wir uns vor, uns selber wüchsen Stacheln aus dem Rücken, Stacheln, die wir aufstellen könnten gegen Feinde, gegen Leute, die wir ablehnen; vor allem aber gegen Leute, die uns zu nahe kommen könnten! Falls wir eine Igelhaut hätten, könnte uns niemand zu nahe kommen, wenn wir nicht wollten. Niemand könnte uns berühren, er würde sich grausam an uns stechen und hätte für immer einen Denkzettel. Indessen könnten wir uns selber völlig „einigeln", uns gänzlich in uns zurückziehen, könnten uns vor jedem Übergriff schützen. Unsere weiche und zarte Seite wäre völlig geschützt, gedeckt, während wir uns einigelten. Eigentlich wäre dies eine beneidenswerte Fähigkeit! Würde uns aber auch etwas fehlen als Igel? Es wäre sicher etwas sehr Seltenes, daß jemand darauf käme, uns über den Rücken zu streichen, uns zu streicheln. Wäre es überhaupt möglich bei der Igelhaut, die zwar so guten Schutz bietet, aber doch mit den Stacheln zugleich ein Berührungstabu aufrichtete? Könnte uns überhaupt jemand umarmen, ohne sich dabei zu stechen? Könnten wir als Igel jemanden umarmen, ohne ihn oder sie dabei zu verletzen? Eine fatale Vorstellung!

Entsprechend schwierig hat es unser Igel, Kontakt aufzunehmen. Die erste Frau, mit der er nahen Kontakt aufnehmen möchte, die ihn aber wegen seiner Igelhaut fürchtet, mehr noch, verachtet und ihn hintergeht, läßt er erbarmungslos in seine Stacheln laufen, und sie war ‚beschämt ihr Lebtag'. So erzählt es das Märchen. Zuvor aber – und das ist ja die Voraussetzung für seine spätere Beziehungsunfähigkeit – ist er selbst von seinen Eltern auf das Grausamste zurückgestoßen worden. Die Eltern, vor allem der Vater, der diesen Sohn so dringlich gewünscht, ja ertrotzt hat, sind nun schlechterdings entsetzt, als jetzt zwar ein Sohn kommt, aber in Gestalt eines Igels! Gerade weil er ihn so sehr gewollt hat, gerade weil er ihn aber auch primär für sich selbst, für den eigenen Narzißmus, für die eigene Selbstaufwertung und eine ganz bestimmte Rolle gewünscht hat, ist der Vater jetzt desto mehr entsetzt, empört, beschämt und verhält sich zutiefst ablehnend diesem Kind gegenüber, das so anders ist als gewünscht, als vorgestellt. Alle elterlichen Vorurteile, die in solch einem Fall möglich sind, ziehen sich über dem Haupt des Igeljungen zusammen. Es heißt, er könne wegen seiner Stacheln bei der Mutter nicht trinken; hier wird also der erste wichtige Hautkontakt unterbunden aus der Unterstellung heraus, er würde die Mutter dabei verletzen (dabei können die wirklichen Igeljungen sehr wohl an der Mutter saugen; und wenn man einen Igel sanft in die Hand nimmt und sein Bäuchlein streichelt, so legen sich seine Stacheln ganz glatt zurück). Er könne auch in kein ordentliches Bett gelegt werden, heißt es, wahrscheinlich fürchtet man, er würde das Bettzeug mit seinen Stacheln zerreißen: So wird er auf eine Strohschütte gelegt wie ein Tier, wird wie ein Hund behandelt, nicht wie ein Mensch: Wie soll er da ein Mensch werden! Wird hier nicht auch schon präjudiziert, daß er künftig in „kein ordentlich Bett" der Liebe wird kommen können? Daß ihn niemand mögen wird, weil er alle nur verletzen würde?

Man nimmt auch von vornherein an, man könne niemanden als Taufpaten für ihn gewinnen – wer will schon für einen Igel eine Mitverantwortung vor Gott übernehmen! – Er könne also überhaupt kein rechter Christenmensch werden bei seiner Stacheligkeit und – jetzt kommt das Entscheidende! – man könne ihn auch nicht anders nennen als „Hans mein Igel". Was für ein eigentümlicher Name: Hans ist schon recht, ein Menschenname, der nirgends auffällt, mit dem man überall durchkommt. Aber er darf nie nur der Hans sein. Alle sollen dazu sagen, dazu denken müssen, daß er ein Igel sei.

Damit wird er auf die Igelrolle festgelegt, fixiert, soll nie mehr aus ihr herauskommen. Alle Verwandten, die Lehrer, die Mitschüler, die Freunde und Freundinnen (falls er je welche wird haben können) werden ihn Hans *mein* Igel nennen, für alle muß er *ihr* Igel sein, der Stachelige, der Abweisende, der, der sich in sich selbst verkriecht. Welch eine Mitgift! Alle werden vor ihm auf der Hut sein, an den kannst du nicht herankommen, wird man von ihm sagen, an dem verletzt du dich garantiert. Der ist kontaktunfähig, erziehungsschwierig, trotzig, widerborstig, ein Schwererziehbarer. Der stößt dich zurück, sobald du dich näherst! Es ist schon schwierig genug, wenn einen die Mutter immer Hans mein Kleiner, Hans mein Großer, Hans mein Lieber, Hans mein Vernünftiger riefe – auch damit würde man immer auf eine Rolle festgelegt und eingeengt; aber wenn sie einen nun gar „Hans mein Igel" nennt!

Dabei zeigt uns das Märchen, daß Hans diese Igelhaut bekommen mußte: Schon vor der Geburt war sie angelegt, indem dieser Junge schon vor seiner Geburt vereinnahmt werden sollte für etwas, was seine Eltern von ihm haben wollten. Schon vor der Geburt mußte er sich vor Übergriffen schützen, mußte sich davor bewahren, vereinnahmt zu werden, mußte die Fähigkeit erwerben, abzuwehren und sich schützend einzurollen. Womit könnte er das besser erreichen als durch die Entwicklung einer Igelhaut! Und diese Haut wird angesichts der Ablehnung und der Vorurteile allerseits im Verlauf der Zeit nur immer dicker geworden sein!

Unser Märchen beruht auf feinster Beobachtung des Zusammenspiels von Haut und Psyche! Sehr ähnlich nämlich kommt es zustande, daß Kinder sofort allergisch reagieren, wenn sie in einem bestimmten Milieu zur Welt kommen: in eine Übererwartung hineingeraten, die sie nicht erfüllen können, die sie total überfordert. Da sie die Erwartung aber nicht erfüllen, werden sie sofort abgelehnt. Die gespürte Ablehnung, die sich fast immer in mangelnder Zärtlichkeit, mangelndem Hautkontakt äußert, treibt wiederum diese Kinder in die Entwicklung immer heftigerer Hautsymptome, in Allergien, Ekzeme, Nesselsucht oder auch Schuppenflechte hinein. Die Ekzembildung bei Neugeborenen und sehr kleinen Kindern beruht sehr oft auf deren Erfahrung, nicht wirklich angenommen zu sein, unbewußt abgelehnt zu werden, von der Mutter oder auch vom Vater, was die Kinder mit ihrer ganzen Haut spüren, was ihnen „unter die Haut geht". Oft wird dann diese unbewußte Ablehnung durch Mutter und Vater durch Überversorgung kompensiert. Ekzem bedeutet ähnliches wie eine Igelhaut: Die Berührung, die nicht zart genug ist, wird abgewehrt. Das Kind zuckt zusammen, igelt sich ein. Dadurch bildet sich jedoch ein unheilvoller Zirkel: Da das Kind auf Zuwendung scheinbar nicht reagiert, wird sie ihm noch mehr entzogen, wird es noch seltener als zuvor eine zärtliche Berührung erhalten. Das Symptom enthält aber auch eine Chance, einen Krankheitsgewinn: Da nun medizinische Behandlung notwendig wird, meist durch Salben, wird das Kind auch wieder häufiger berührt. Durch das Salben, die Umschläge, das Pudern erhält das Kind das Nötigste von dem Hautkontakt, den es braucht. Weil das Symptom, so quälend es ist, auch Zuwendung bewirkt, lohnt es sich für das Kind, es aufrecht zu erhalten: Das abschreckende Symptom bietet ihm optimalen Schutz vor zu großer Nähe und erwirkt ihm doch die Aufrechterhaltung des lebensnotwendigen, unentbehrlichen Maßes an Zuwendung. Kein Wunder also, daß Ekzem und Schuppenflechte wie die meisten anderen Hautkrankheiten als sehr hartnäckig gelten. Im Märchen hat man den Eindruck, daß diese Igelhaut überhaupt nicht mehr abgelegt werden könne, sondern einfach mit dem Jungen verwachsen sei.

In diesem Zusammenhang erinnere ich mich an eine Patientin, die mit 30 Jahren zu mir in die Therapie kam, die zweite Tochter einer verarmten Spitzen-Klöppler-Familie aus dem Appenzellischen, eine Patientin, die von frühester Kindheit an mit Schuppenflechte behaftet gewesen war. Sie hatte nicht mehr geboren werden sollen: Der Vater war schon über 60 Jahre alt, kränkelnd, die Mutter Anfang 40, die ältere

Schwester schon 8 Jahre alt. Das Kind wurde nicht abgetrieben, obgleich dergleichen Überlegungen schon bestanden hatten, weil die Eltern sich klar machten, daß sie an ihm letztlich auch eine weitere Arbeitskraft für den Familienbetrieb gewinnen würden. Das Kind, das von der Mutter nicht mehr gestillt werden konnte, das allen nur im Wege war und so früh wie möglich zur Mitarbeit angehalten wurde, bekam schon in den ersten Monaten seines Lebens unterschiedliche Allergien, kratzte sich ständig auf, weinte viel, woraufhin es von allen als nur noch lästiger empfunden wurde. Immerhin mußte man es mit Salben behandeln. Bald entwickelte sich die Schuppenflechte an den Händen so heftig, daß das Mädchen weder zum Spitzenklöppeln noch zu bestimmten landwirtschaftlichen Arbeiten, wie z. B. dem Melken im Rahmen der kleinen angeschlossenen Landwirtschaft, mehr zu gebrauchen war. Sie verrichtete dann mehr die groben Arbeiten, mähte die Wiese, kehrte den Hof. Ein Lehrer machte die Eltern, die das Mädchen so früh wie möglich aus der Schule nehmen wollten, auf dessen gute Intelligenz aufmerksam, so daß sie dann doch die Sekundarschule besuchen konnte und sich schließlich zur Sprachheillehrerin ausbilden ließ. Der Beruf sprach sie an, weil sie selber, wie sie sagte, sehr darunter gelitten hatte, sich nicht ausdrücken zu können, weil sie sich selber in emotionaler Hinsicht als sprachbehindert ansah. Auch die Unfähigkeit, ihre Emotionen auszudrücken, die Unfähigkeit, sich in der Familie Geltung zu verschaffen, hatten die Bildung von Hautsymptomen – brennenden Bläschen! kleinen Vulkanen! – gefördert. Nur durch die Ausbrüche dieser kleinen Vulkane konnten der gestaute innere Zorn und die Frustration sich Bahn brechen. Nur über diese Körpersprache hatte sie etwas von ihrem Leiden ausdrücken und sich ein wenig Aufmerksamkeit und Rücksichtnahme verschaffen können. Immerhin hatte sie sich aus der fatalen Familienrolle, die ihr zugedacht war, die aussterbende und kaum mehr etwas einbringende Spitzenklöppelei weiterzubetreiben, aufgrund ihres Symptoms befreien können.

Typisch für diese junge Frau, die schon als Säugling, aber auch als Kind und Jugendliche kaum zärtliche Zuwendung erfahren hatte, war die Unfähigkeit, nahe Kontakte aufzunehmen und auf Zuwendung, wenn sie ihr schon einmal gegeben wurde, adäquat zu antworten. Sowohl ein junger Theologiestudent, der von ihrer inneren Einsamkeit und ihrem Leiden berührt war, wie später auch ein Ingenieur trugen ihr echte Gefühle entgegen – war sie doch bei all ihrer Beeinträchtigung durch das Hautleiden eine gut aussehende und urwüchsig eigenwillige, junge Frau, eine „ehrliche Haut" gleichsam! Aber sie konnte die entstehenden körperlich sexuellen Kontakte nicht recht annehmen, nicht recht erwidern, ihr Hautleiden verstärkte sich vielmehr. Stärker als nach sexuellen Kontakten sehnte sie sich nach mütterlich ursprünglicher Zärtlichkeit. Es war in dieser Entwicklungsgeschichte viel zu früh für Geschlechtsbeziehungen.

In der therapeutischen Beziehung spiegelte sich die Ambivalenz dieser Frau zwischen Beziehungssehnsucht und Beziehungsabwehr, die Ambivalenz, die die Hautleidenden charakterisiert. Erst in der Freundschaft mit einer etwas älteren, verheirateten Berufskollegin, die mütterlich mit ihr umging, sie ein wenig bekochte und umsorgte, mit der es auch zu gelegentlichen zärtlichen Kontakten kam, vor allem zum Kuscheln und Streicheln, begann die Schuppenflechte erstmalig abzuklingen. In diesem schwesterlich-mütterlichen Angenommensein holte sie etwas nach, was in die frühen Phasen der Kindheit im Gegenüber zur Mutter gehört hätte. In der Geborgenheit dieser Freundschaft konnte sie aus ihrem Schuppenkleid, ihrer Igelhaut heraustreten.

Tragischer noch – nicht weniger bezeichnend für das Zusammenspiel von Haut und Psyche – ist das Schicksal einer Bekannten, die sich ebenfalls schon in ihrer Ursprungsfamilie abgelehnt und gegenüber jüngeren Geschwistern benachteiligt gefühlt hatte, was sie durch ständigen Einsatz und Aufopferung wettzumachen suchte. Sie wurde Sozialarbeiterin. Schon in der Jugend hatte sich bei ihr die Schuppenflechte eingestellt, die sich explosionsartig über den ganzen Körper ausbreitete, als sie aus der damalige DDR in den Westen floh.

Bei Lebensübergängen, die ohnedies labilisieren und die Identität in Frage stellen, so daß man sich in der alten Haut nicht mehr recht wohl fühlt und die neue noch nicht hat, pflegen die Hautleiden besonders aktiv zu werden. Im Westen jedoch gelingt der genannten Frau ein neuer beruflicher Einstieg, was die Schuppenflechte zeitweilig fast ganz abklingen läßt: Hinzu kommt die Begegnung mit einem Arzt, zu dem bald eine Beziehung entsteht. Die Vorstellung, ein Arzt würde sie an Leib und Seele heilen können, erfüllt und beflügelt sie, und als dieser Mann, der zwei Kinder aus erster Ehe mitbringt, auch ihren Opferwillen anzusprechen weiß und schließlich um ihre Hand anhält, willigt sie in die Ehe ein. Beim nahen Zusammenleben jedoch gestaltet sich die Beziehung äußerst schwierig, die Ambivalenz vieler Hautkranker, die zwischen Sehnsucht nach Nähe und Angst vor Nähe pendelt, kam bei ihr voll zum Tragen: Sie, die Beziehungsängstliche, scheute zurück vor seiner Sexualität, ekelte sich, fürchtete sich davor, wurde dessen ungeachtet jedoch bald schwanger.

Die Psoriasis brach erneut aus, heftiger als zuvor, es war wie eine Rache an ihrem Mann, dem Arzt, der sie als Arzt und Mann immer mehr zu enttäuschen begann, und der ihrer expandierenden Hautkrankheit auch ärztlich nichts entgegenzusetzen vermochte. Sie gebar nichtsdestotrotz einen gesunden Jungen, durch dessen Dasein aber nun das Verhältnis zu den beiden älteren Stiefkindern immer spannungsreicher wurde. Sie war völlig überfordert und überforderte noch dazu ständig sich selbst, indem sie die selbstlose Mutter sein wollte. Auf dem Höhepunkt eines Psoriasis-Schubes, bei dem sie am ganzen Körper aufgekratzt und nur noch eine einzige peinigend juckende Wunde war, entschloß sie sich schließlich, eine Kur zu machen, die ihr schon lange empfohlen worden war, nämlich am Toten Meer, das bekanntlich mit seinem hohen Salz- und Schwefelgehalt eine wohltuende Wirkung auf Psoriasis haben soll. Sie blieb monatelang von zu

Hause weg, wußte die erdrückenden häuslichen Verhältnisse weit entfernt, begann die fremdartige Umgebung um das Tote Meer, die antiken Stätten um Jericho hoch interessant zu finden, – kurz: Sie begann, sich in ihrer Haut wieder wohl zu fühlen, die Psoriasis klang entsprechend ab, sie bekam eine reine, weiche Haut, fühlte sich wie neugeboren: Und es entspann sich – wen überrascht es – eine zarte Liebesbeziehung zu einem Mitpatienten, der ebenfalls eine Verwandlung seiner Haut erlebte. Auch wenn diese Beziehung nach ihrer Rückkehr nach Hause wieder abklang, bildete sie doch den Ausgangspunkt zu einer langsamen Auflösung ihrer Ehe mit jenem Arzt, in dessen Nähe die Psoriasis unverzüglich wieder aufflammte. Jahre später reichte sie die Scheidung ein. Sie sucht seither die Erfüllung im Beruf, in dem sie selber immer erfolgreicher wurde und schließlich in Fortbildung und Ausbildung zur Sozialarbeit tätig wurde. Im Beziehungsbereich konnte sie keine Bindung zu einem Mann mehr eingehen. Doch gibt ihr ihr Freundeskreis eine gewisse Geborgenheit. Mit dem inzwischen erwachsenen eigenen Sohn hat sie eine gute Beziehung. So hält sie die ihr zuträgliche Balance zwischen Abstand und Nähe im gesamten Beziehungsbereich, und – erstaunlicherweise, aber auch wieder nicht – auch ihr Hautleiden hat sich auffällig beruhigt, ist oft ganz verschwunden. Sie fühlt sich relativ wohl in ihrer Haut, vor allem in beruflicher Beziehung, worauf sie nun ihr Selbstwertgefühl gründet – und gerade das beschädigte Selbstwertgefühl, die mangelnde Anerkennung in ihrer Ursprungsfamilie waren ja an der Entstehung der Psoriasis ursächlich beteiligt gewesen. Der relative Abstand von Bezugspersonen gibt ihr zugleich die nötige Freiheit und Sicherheit, daß sie sich nicht angstvoll einigeln und zurückziehen muß. In ihrer Berufsrolle als Fortbilderin von Sozialarbeitern kann sie relative Nähe zulassen, auch gegenüber ihrem erwachsenen Sohn, der bereits außerhalb an seinem Studienort lebt.

Einen dritten Fall eines Igel-Hans möchte ich schildern: Wie Hans mein Igel im Märchen ist auch er in die Übererwartung seines Vaters hineingeboren, einmal der Erbe eines Familienunternehmens zu werden. Nach längerer, kinderloser Ehe wurde dem Firmenchef zunächst eine Tochter geboren, ein begabtes Mädchen von rascher Auffassungsgabe. Doch kam es dem in patriarchalen Vorstellungen verhafteten Chef jenes generationenalten Familienbetriebs gar nicht in den Sinn, diese Tochter als Nachfolgerin auch nur in Erwägung zu ziehen. Als schließlich sechs Jahre später doch noch ein Junge geboren wird, ist die Freude und Erwartung des Vaters und auch die der Mutter, die im Schatten des Vaters stand, übergroß. Sie reißen den Jungen gleichsam an sich, er wird völlig vereinnahmt, überbemuttert, überbevatert, überprotegiert. Er antwortet bald mit Allergien, fühlt sich nicht wohl in seiner Haut, beginnt sich zu kratzen, aufzukratzen, weinerlich zu werden. Darf er doch überhaupt nicht er selbst sein! Er kommt überhaupt nicht dazu, eigene Impulse zu entwickeln. Mit Zärtlichkeiten wird er in diesem Fall so sehr überschüttet, daß er gar nicht zum Reagieren kommt. Mit den Zärtlichkeiten meinen die Eltern sich selbst, nicht ihn und seine Bedürfnisse. Er weint, fürchtet sich, zieht sich zurück, wenn man ihm nahekommt. Er lernt nicht richtig für sich selbst zu spielen, da ständig mit ihm gespielt wird, weil ihm ständig etwas zugeschoben, zugesteckt, angeboten wird – ehe er dazu kommt, den Impuls selber aufzunehmen und selber etwas daraus zu machen. Ständig von Außenreizen überflutet, zieht er sich immer mehr in sich selbst zurück. In der Schule ist er scheu, kratzbürstig, stachelig. Er lernt schlecht, ist im Kontakt gestört – er kann kaum auf jemanden zugehen, und wenn umgekehrt sich ihm jemand zuwendet, dann vereinnahmt er diesen entweder ganz oder stößt ihn alsbald zurück – abrupt wechselt sein Bedürfnis nach Nähe, entweder sucht er zu viel, oder er läßt zu wenig zu. So zerschlagen sich seine Freundschaften bald wieder. Der Vater und auch die Mutter sind maßlos enttäuscht von ihm, ihrem verwöhnten Sohn, auf dem die Erwartung, der Geschäftsnachfolger zu werden, unerbittlich ruht. Er ist um so enttäuschender für seine Eltern, je müheloser seine große Schwester unterdessen die Schule meistert. Da der Junge nur mit knapper Not die Mittlere Reife schafft – nach mehrfacher Klassenwiederholung –, beschließen die Eltern, ihn nach einer Maurerlehre in die Fachhochschule zu schicken, damit er dort das Ingenieurwesen studieren könne, das im Familienbetrieb gebraucht wird. In der Lehre jedoch bricht das Ekzem, mit dem der Junge schon seit seiner Kindheit zu tun gehabt hat, mit einer solchen Vehemenz aus, daß er arbeitsunfähig geschrieben werden muß und eine weitere Ausbildung in diesem Berufszweig, der viel Arbeit mit den Händen erfordert, Kontakt mit Ziegeln, Steinen und Zement, nicht mehr in Frage kommt. Hier hat es das Symptom des Ekzems geschafft, das Rollendiktat der Eltern zu unterwandern und zu brechen.

Während einer längeren Zeit der Berufsunfähigkeit, in der dieser ziellose junge Mann sich auch nicht zur Umschulung entschließen kann, erkrankt statt dessen sein Vater schwer und stirbt. Der junge Mann erbt erhebliche Anteile an dem Familienunternehmen, was ihn jedoch zunächst nur wieder unter Druck setzt. Wofür soll er dieses Vermögen einsetzen? Erneut bricht dementsprechend das Ekzem aus, das immer auf Druck und Anspruch reagiert. Dieser Lebensübergang mit seinem hohen Aufforderungscharakter an den jungen Mann, nun doch endlich Verantwortung zu übernehmen, überfordert ihn gänzlich. Dazu schmerzt ihn der Verlust des Vaters, auch wenn er diesem gegenüber ambivalente Gefühle hatte. Bitter spürt er seine Unselbständigkeit. Schließlich faßt er sich ein Herz und verkauft seine Anteile an dem Unternehmen, löst sich also gänzlich aus der Rollenzuweisung seiner Eltern. Er beginnt eine bescheidene kaufmännische Ausbildung, der er sich gewachsen fühlt, und spürt prompt, wie sein Ekzem abklingt und sich langsam verzieht. Er fühlt sich deutlich wohler in seiner Haut. Zur gleichen Zeit bahnt sich die erste ernsthafte Beziehung zu einer Frau an, einer gelernten Krankenschwester, deren einfühlende Behutsamkeit und Zärtlichkeit, die ihn wirklich meint, das Wesentliche dazu beiträgt, das Ekzem immer mehr abklingen zu lassen. Nun ist er seit Jahren beschwerdefrei, inzwischen mit jener Krankenschwester verheiratet und selber Vater einer Tochter und eines Sohnes, die er, wie er sich geschworen hat, keinesfalls je in eine Berufsrolle hineindrängen möchte.

Ist es also dennoch möglich, eine lebenslang getragene Igelhaut, mit der man geradezu verwachsen ist, abzulegen? Wie endet eigentlich unser Märchen „Hans mein Igel"? In der Tat: Auch dieser Igel-Hans findet eine Frau, die zu ihm steht, nachdem er von zu Hause ausgezogen, auf einem aggressiven Hahn ausgeritten und in Kontakt zu sich selbst und seinen Gefühlen gekommen ist. Er lebt jahrelang auf einem Baum, lernt Dudelsack zu spielen und sich seiner Haut zu wehren. Schließlich merkt er, daß er diese Frau, die ihn sieht und akzeptiert samt seiner Igelhaut, nicht wirklich an sich heranlassen kann, solange er sein Stachelkleid behält. Sobald sie ihm näher käme, würde sie in seine Stacheln hineingeraten und sich gefährlich an ihm verletzen – wie es schon einer ersten Frau, die es aber nicht ehrlich mit ihm meinte, geschehen ist. Jetzt aber, angesichts dieser unglaublichen Chance, daß eine Frau zu ihm steht trotz seiner Stacheln, greift er zum äußersten, das er vermag. Er reißt sich die Stachelhaut vom Leibe und verbrennt sie. Ich führe den Schluß des Märchens im Wortlaut an:

„Wie's nun Abend ward, daß sie wollten schlafen gehen, da fürchtete sie sich sehr vor seinen Stacheln; er aber sprach, sie sollte sich nicht fürchten, es geschähe ihr kein Leid, und sagte zu dem alten König, er sollte vier Mann bestellen, die sollten wachen vor der Kammertüre und ein großes Feuer anmachen, und wann er in die Kammer einginge und sich ins Bett legen wollte, würde er aus seiner Igelshaut herauskriechen und sie vor dem Bett liegen lassen: dann sollten die Männer hurtig herbeispringen und sie ins Feuer werfen, auch dabei bleiben, bis sie vom Feuer verzehrt wäre. Wie die Glocke nun elfe schlug, da ging er in die Kammer, streifte die

Igelshaut ab und ließ sie vor dem Bette liegen: da kamen die Männer und holten sie geschwind und warfen sie ins Feuer; und als sie das Feuer verzehrt hatte, da war er erlöst und lag da im Bett, ganz als ein Mensch gestaltet, aber er war kohlschwarz, wie gebrannt. Der König schickte zu seinem Arzt, der wusch ihn mit guten Salben und balsamierte ihn; da ward er weiß und war ein schöner junger Herr. Wie das die Königstochter sah, war sie froh, und am andern Morgen stiegen sie mit Freuden auf, aßen und tranken und ward die Vermählung erst recht gefeiert, und Hans mein Igel bekam das Königreich von dem alten König.“

Was das Abtun und Verbrennen der Haut für Hans bedeutet, ein fast lebensbedrohliches Opfer, das schildert das Märchen ganz bewegend: Er ist nach dieser Tat am ganzen Körper verwundet, ist wie verbrannt, wie hautlos … ein lebensgefährlicher Zustand! Die Ärzte müssen ihn lange und geduldig mit Salben behandeln, müssen ihm alle Zuwendung geben, um seine Haut, das zentrale Kontaktorgan zu sich selbst und zu der Welt, zu therapieren. Hat er doch seine gesamte alte Haut, mit der er identifiziert war, sein ganzes altes Selbstverständnis, daß er nämlich Hans, unser aller Igel sei, über Bord geworfen. Er ist aus der Prägung, die er schon vorgeburtlich, die er seit frühester Kindheit hatte, ausgestiegen: der Vorstellung, daß er sich hüten müsse vor jedem und jeder, die ihm nahe komme, denn sie könnten ihn vereinnahmen; daß er jede und jeden, die ihm zu nahe kämen, mit seinen Stacheln wegstechen, daß er selbst sich einrollen und jeden in seine Stacheln rennen lassen müsse, wenn er bei sich selbst bleiben wolle.

Nur eine Kraft der Welt kann ihn dazu bringen, diese Schutzhaut fahren zu lassen: die Sehnsucht, lieben zu können, ohne zu verletzen; die Sehnsucht, jemanden ganze nahe kommen zu lassen – geweckt von einer Frau, einer möglichen Partnerin, die es wagte, ihn zu lieben und zu erkennen in seinem innersten Wesen, trotz seiner Stachelhaut.

Das Märchen weckt noch einmal die dringliche Frage, wie

Erkrankungen der Haut, ja, das lebenslange Stecken in einer falschen Haut schließlich geheilt werden können? Kann man Blasen und Schuppen, die man anhypnotisieren kann, auch weghypnotisieren? Gewiß wird man es können, so wie man Haut sogar gegen Feuer unempfindlich machen, Unempfindlichkeit suggerieren kann, wie es die uralten und wieder modern werdenden Fakirkünste des Feuerlaufens beweisen. Für einige Zeit weghypnotisieren kann man die Hautleiden mit großer Wahrscheinlichkeit: Heilen aber auf Dauer kann man sie nach allem, was wir bedacht haben, nur durch Beziehung, durch Liebe, die den anderen wirklich meint, mitsamt seiner Igelhaut. Diese Qualität von Liebe gibt es gewiß auch in der therapeutischen Beziehung, gewiß auch in derjenigen therapeutischen Beziehung, die mit Hypnose arbeitet, die ja ebenfalls großes Vertrauen zueinander voraussetzt. Die Chance, Hautleiden auf diesem Wege heilen zu können, ist groß, da die psychischen Einflußmöglichkeiten gegenüber der Haut enorm sind. Hier wie überall aber gilt: Sie stellen sich nur in Verbindung mit Beziehung ein, dort, wo sich ein Mensch gemeint weiß, ganz, mit Haut und Haar.

7.
Herz-Kammern
Der Innenraum des Lebens

„Herzensangst“ nennen wir eine Angst, die aus unserem Innersten aufsteigt, eine Angst, die unbeschreiblich eng macht, so daß wir keine Luft zum Atmen mehr bekommen. Angina pectoris lautet bekanntlich der Fachausdruck für Herzensangst, die sich oft zu Todesangst steigern kann. „Herzensweite“ wäre die Gegenvorstellung: Da dehnten sich die Kammern unseres Herzens aus, da atmeten wir frei, da öffneten sich die Klappen wie bei einer voll ertönenden Orgel, da spannten sich die Flügel unseres Herzens aus. Wo das Herz sich weitet, öffnen sich Lebensräume, physisch und psychisch.

Wie kann sich der Lebensraum eines Paares durch ein Kind erweitern! Wie aber auch eine langjährige Zweierbeziehung durch das Hinzukommen eines dritten Menschen erneuern und beleben, weil sich beide Partner mit diesem dritten befreunden können, statt ihn als Störenfried hinauszudrängen. Solches Hinausdrängen geschähe wieder aus Herzensenge heraus, geschieht bei der Vorstellung, es könnte sich durch den Dritten etwas in der ursprünglichen Beziehung verändern – was auch geschehen wird! –, das Einbeziehen hingegen bedeutete Herzenserweiterung, Offenheit für mögliche Ausweitung und Komplexität des Beziehungsfeldes. Es hätte, symbolisch gesprochen, mit einer Ausweitung des Herzens, des Herzraumes zu tun. Wie stark erst erweiterte sich der Herzraum eines Menschen, wenn er durchlässig würde für den größeren, den überpersönlichen Atem des Lebens, für den Lebensstrom selbst.

Von konkreten Übungen ausgehend, welche das reale Herz

beruhigen und befreien können, wobei der Atem mitwirkt, der ja das Herz-Lungen-Zusammenspiel aufs feinste reguliert, werden wir in dem Kapitel die Symbolik des Herzens bedenken, die unseren Umgang mit Herzbeschwerden stärker bestimmt, als wir es uns manchmal bewußt machen.

Auch hier geht es um die Erschließung – oder Verschließung! – neuer Lebensräume, wie ich am Beispiel eines Mannes, der an Herzinsuffizienz litt, zeigen werde: Das Herz dieses Mannes konnte seine alte Leistung fast wieder erbringen, nachdem er es endlich wagte, auf seine Firma den Einfluß zu nehmen, der ihm aufgrund seiner Erfahrung zustand und möglich war. Für ihn galt es, dies zu wagen, sich gleichsam „ein Herz zu fassen" und die alte Zurückhaltung – aufgrund einer Angst vor Zurückweisung und Neid – aufzugeben.

Für einen anderen, bereits 60jährigen Firmenchef bedeutet es gar die völlige Ausheilung seines Herzinfarktes, als er lernte, auf übertriebenen Ehrgeiz und Leistungsanforderungen an sich selbst zu verzichten und dafür die Verantwortung großzügig zu delegieren. Noch häufiger haben Herzprobleme mit Beziehungsproblemen zu tun: Die Angina pectoris einer noch jungen Frau konnte sich lösen, als sie eine verfahrene Beziehung loszulassen vermochte und sich um die Erschließung eigener neuer Lebensräume zu kümmern begann.

Die zentrale Bedeutung unseres Herzens als Organ, aber auch als Symbol, wird uns im folgenden noch weiter beschäftigen: Verweisen uns unsere Herzkammern doch immer auf den Innenraum unseres Lebens, ob wir sie nun organisch oder symbolisch verstehen.

Es war bei einer stillen meditativen Atemübung, als mir zum ersten Mal mein Herz als Organ und als Symbol zugleich bewußt wurde. Dabei spürte ich mein Herz in einem ruhigen gleichmäßigen Rhythmus schlagen, der mit meinem Atem immer mehr zusammenklang. Auf einmal überkam mich ein ungeheures Staunen: Da trage ich also mein Leben in mir, das sich völlig selbständig in mir bewegt, das pocht und tanzt und meinen ganzen Organismus in Gang hält. Ich tue nichts dazu. Ich finde es vor. Immer habe ich es vorgefunden, seit ich lebe – bereits im Mutterleib. Dies, daß wir alle unser Leben selbständig in uns tragen, ließ mich auf einmal staunen. Habe ich doch mein Herz, mein Leben nicht selbst gemacht! Es ist mir aus einem größeren umfassenderen Leben heraus gegeben, gewiß aus dem Herzen meiner Mutter, deren Herzschlag mit dem meinen zusammenklang und den ich vielleicht sogar irgendwann im Mutterleib hörte.

Aber meine Mutter hatte ihr Leben selbst aus einem größeren Lebenszusammenhang. Alle haben wir offenbar teil am großen Herzen des Lebens selbst. Damit spreche ich bereits symbolisch. Das ist ein Bild. Wir haben Teil am großen Herzen des Lebens selbst, zu dem natürlich auch der Austausch unseres Atems mit dem Sauerstoff, mit den Pflanzen und Bäumen gehört, deren Ausatem wir wiederum einatmen, während sie an unserem Ausatem partizipieren.

Noch ungleich vielfältiger sind wir über die Atmung unserer Haut mit allem um uns und dem umgebenden Leben verbunden, wie auch über die Aufnahme von Licht, Wasser, Nahrung, über die ganze Nahrungskette. Das sind allgemein bekannte, simple Tatsachen, die mich aber plötzlich in diesem stillen Dasitzen mit einer großen Verwunderung erfüllten, als begriffe ich sie zum ersten Mal. Mein Herz, mein zentrales Lebensorgan, ist mir gegeben. Ich kann und brauche mormalerweise nichts dazuzutun, damit alles funktioniert; ich kann es höchstens stören. In diesem Staunen über mein Herz spüre ich zugleich, immer wenn ich staune, wie es noch ruhiger wird, wie es sich weitet, ein weites Herz wird, ein großes Herz, mit allem verbunden.

Damit bin ich endgültig in den Bereich der Symbolik hinübergeschritten, denn mein Herz wird bei diesem Staunen natürlich nicht physisch größer als es vorher war: Aber das Bild meines Herzens, das am Herzen des ganzen Lebens partizipiert, wird größer. Die Vorstellung und das Erlebnis eines Organs hat sich mit einer seelischen Qualität angereichert, ist zu übertragener Bedeutung gekommen. Das reale Organ wird zum symbolischen Organ, das als großes, weites Herz mit der ganzen Welt partizipiert.

Das Herzsymbol, das nur sehr annähernd unserem Organ gleicht, ist einer Blattform nachgebildet, schwingt nach rechts und nach links aus, verbindet sich dann in einer Spitze, die die Kräfte sammelt, und oben hat es eine Mulde, fast wie zwischen zwei Brüsten. Der rechte und der linke Herzflügel – ich sage lieber Flügel als Klappe – sind betont als ein rechter und ein linker Teil des Herzens; die gemeinsame Spitze weist in die Tiefe und bündelt die Kräfte; und eben diese weiche Herzmulde, die zum Empfangen nach oben offen ist, ist wie geschaffen dazu, daß man sich in sie einkuscheln kann.

Das ist unser Herzsymbol, das wir in der Werbung immer und überall bis zum Überfluß zu sehen bekommen, das aber eigentlich ganz gehaltvoll, ganz geheimnisvoll ist.

So wie die Verbundenheit mit dem Kosmos, mit der Welt, mein Herz weitet, so engt es mein Herz ein, so macht es Enge, Angst, wenn diese Verbundenheit irgendwo bedroht ist, abbricht, abreißt, wenn sie irgendwo blockiert wird, weil ich von dieser Verbundenheit abgeschnitten werde. Es genügt, daß ein einziger Mensch, der mir wichtig ist, eine ernstliche Wut auf mich hat, vielleicht die Beziehung zu mir abzubrechen droht, daß sich ein Druck auf mein Herz legt, daß es sich zusammenzieht und aus dem Rhythmus gerät. Diese Bedrohung und Einengung des Herzens macht angst. Ich denke, wir kennen das alle.

„Angina pectoris", die Enge des Herzens, hängt oft mit einer tiefen Herzensangst zusammen, einer oft chronisch anhaltenden Herzensangst, sei es um eine Beziehung oder um mich selbst, was aus mir würde, wenn diese von mir als lebenswichtig empfundene Beziehung scheiterte. Welche Herzensangst bricht auf, wenn wir beispielsweise einen geliebten Menschen, ein Kind, einen Partner, Vater oder Mutter in Lebensgefahr wissen! Kaum kommt man durch die Tage, das Herz schnürt sich zusammen; und gar erst dann, wenn wir einen dieser geliebten Menschen wirklich verlieren oder verloren haben.

Vor allem wenn die starken Gefühle nicht herauskönnen, entsteht so etwas wie ein Stau in unserem Herzen, der oft psychosomatische Schmerzen bereitet und sich, wenn er zu lange anhält, auch organisch verdichten kann. Eine Teilnehmerin meiner Arbeitsgruppe erzählte zum Beispiel, daß sie zur Zeit auf der linken Körperseite nicht schlafen kann. Obwohl kein organischer Befund da ist, tut ihre linke Herzseite weh.

Auf die folgenden Bereiche spricht erfahrungsgemäß das Herz vor allem an: auf den Gefühlsbereich samt den Ängsten, die dort entstehen; auf unser Selbstwertgefühl, falls unser Selbstverständnis bedroht ist. Unser Herz spricht positiv wie negativ auf das an, was wir unter Spiritualität verstehen; ob sie nun eine Möglichkeit ist, uns etwas vorzustellen, was unser Herz mit allem verbindet und weitet, oder ob sie vielleicht durch ungute Erfahrungen im religiösen Bereich blockiert ist – auch dann wird unser Herz eng.

Ein von Jugend auf etwas gehemmter Mann, jüngster und einziger Junge unter einer dominanten Schar von Müttern und älteren Schwestern, bekommt in der Mitte des Lebens die Diagnose, daß sein Herz nur noch sechzig Prozent seiner Normalleistung erbringe. Eine Diagnose, die ihn sehr erschütterte. Durch konsequente Diät und Bewegung, einen vernünftigeren Arbeits- und Lebensrhythmus als zuvor, bekommt er die Tätigkeit seines Herzens bald wieder einigermaßen in den Griff, kann eine Operation vermeiden.

Da zeigt ihm ein Traum ein ganz anderes Problemfeld auf: das seines beruflichen Verhaltens, wo er trotz leitender Stellung – er ist Personalchef einer großen Firma – doch bisher immer wieder vermieden hat, seine Meinung in kritischen Situationen klar zu sagen, obwohl er bei seiner großen Erfahrung oft gefährliche Entwicklungen in der Firma klar voraussieht. Doch bisher äußert er sich nicht offen gegenüber der Firmenleitung, um sich nicht in Mißkredit zu bringen, traut sich nicht zu, Anerkennung und Respekt zu finden, obgleich er inzwischen einer der bewährtesten und langjährigsten Mitarbeiter der Firma ist.

Der Traum zeigt ihm folgendes Bild: Während einer Firmentagung geht er in einer Pause ins Freie und um das Tagungshotel herum. Als es Zeit wird, wieder hineinzugehen, um der Sitzung weiter beizuwohnen, entdeckt er plötzlich auch an der Rückseite des Hotels einen Eingang. Wie er sich ihm nähert, um den Weg abzukürzen, öffnet sich dieser Eingang vor ihm wie von selbst: ja, eine zweite, eine dritte, eine vierte Flügeltür öffnen sich eigens für ihn. Hellebardenträger erscheinen und tragen ihm etwas entgegen – einen Stab, der irgendwie einem Bischofsstab gleicht. Der wird ihm in die Hand gegeben.

Äußerst erstaunt, fast beschämt, wacht der Träumer auf. Ihm einen Bischofsstab? Dazu ist er nicht einmal katholisch. Aber im Gespräch zeigt sich, daß es in der Firma wirklich drum geht, daß er seinen Hirtenstab und Führungsstab als Personalchef endlich wirklich in die Hand nimmt, sich zutraut, mit seiner Erfahrung und Autorität eine schleichende Krise zu beenden. Der Mann wagt es auf diesen Traum hin tatsächlich, die Sache in die Hand zu nehmen und seine Meinung zu äußern. Er setzt sich durch. Es gelingt ihm, die Firma auf eine gefährliche Krise hinzuweisen – mit dem unerwarteten Nebenergebnis, daß sein Herz wieder ungleich besser durchblutet ist als zuvor, was die diagnostischen Untersuchungen sofort erweisen. Dieser Mann hatte sich, symbolisch gesprochen, „ein Herz gefaßt", beherzt eingegriffen, hatte das Herz gehabt, seine Meinung einzubringen und hatte damit die Firma zu seiner Herzenssache gemacht.

Angst, Herzensangst, ist vielleicht immer – wie C. G. Jung sie deutet – auch die Angst des entwicklungsfähigen Seelenanteils in uns, daß er nicht leben dürfe, ehe er stirbt. Herzensangst geht immer von ungelebtem Leben aus, das sich in uns aufstaut. Es ist die Angst, das Ungelebte nicht leben zu dürfen, verbunden mit der Angst, was geschähe, wenn wir eben genau das zu leben begännen, wovor wir ein Leben lang Angst hatten.

Der eben geschilderte Mann wurde von seiner Herzinsuffizienz weitgehend geheilt, in dem Maße, als er das bisher Ungelebte wagte. Einige Monate später träumte er, er erhebe seinen neuen Stab über einem großen Fluß, der bisher wild und unüberschreitbar gewesen war. Und siehe da: der Fluß gibt eine Furt frei, durch die er schreiten kann.

Dieses große alte Symbol eines glückenden Lebensübergangs gleicht einer biblischen Geschichte, die an Moses erinnert, als er das geknechtete Volk durch das rote Meer in die Freiheit führt. Auch dieser erhob seinen Stab angesichts des Meeres. Der Träumer führt also sich selbst und seine inneren Kräfte in die Freiheit.

Seither wird sein Herz wieder weit, findet seinen ruhigen Rhythmus wieder, er selber wandert wieder, geht schwimmen, bewegt sich auch mit einer neuen Offenheit auf seine Frau zu.

In einer Arbeitsgruppe zu diesem Thema haben wir drei Bilder gemalt: Da war zuerst das Motiv „Ein Ort nach meinem Herzen", ein Ort also, an dem mein Herz weit werden kann. Die entstandenen Bilder zeigten Motive, die vom Einkuscheln in einen Fuchsbau neben dem Fuchs bis zu einem Standort hoch auf den Gipfeln der Berge führte. Als zweites Motiv malten wir etwas zu dem Thema: „Etwas, das mein Herz bewegt und erfüllt." Auch dafür wurden Symbole gefunden, zum Beispiel eine Blume als Symbol für das, was in unserem Leben gefühlsmäßig blühen will, für das, was in unserem Herzen vorgeht.

Zu dem Thema „Was mein Herz bewegt und erfüllt", dem zweiten Motiv, malte eine Frau zwei Bilder: Zunächst entstand da ein wild-bewegtes Bild in Rot, die Bewegung aber ging von einem gelben Punkt aus, den sie als einen Sehnsuchtspunkt in ihrem Leben bezeichnete, etwas, das sie verwirklichen will, was aber bisher immer, wenn sie es ansteuert, die wildesten Gefühlsstürme auslöst und auch Angst macht. Das Herz auf ihrem Bild erinnert wirklich ein wenig an ein Organ. Als wir sie fragten, ob auch sie ihr physisches

Herz spüre, sagte sie: „Ja, es sind Schmerzen da, die medizinisch überhaupt nicht festgemacht werden können, es sind offenbar psychosomatische Schmerzen."

Nur eine halbe Stunde später malt sie ein anderes Bild, in dem das Herz zu einer Schnecke wird, die in einem Raum von zartem Blau sich ganz ruhig und gegliedert wieder einrollt. Dieses Motiv war nicht durch die Übung bedingt, sondern die Malerin hat – und das stellt sie dar – inzwischen eine Möglichkeit, Ruhe zu finden, wiederentdeckt, in die sie auch nach der halben Stunde, nachdem sie das im Bild gestaltet hatte, wieder einkehren konnte. Aber es wurde ihr und auch der Gruppe klar, daß diese Besinnung auf ihr Herz doch noch einmal Schmerzen macht. So will das Herz mit all seinen Gefühlen noch einmal angeschaut werden.

Ein anderes Bild, in dem sich auch von gestern auf heute etwas im Herzen befreit hat, stellt ein weiteres Blumenmotiv dar, das erst als Pfingstrose gedacht und dann beim Malen immer mehr zu einer Rose und zum Mond wurde; damit ist gefühlsmäßig etwas ganz Starkes aufgeblüht, und es blüht über einer zuerst gemalten Veilchenwiese, die die große Bescheidenheit der Malerin ausdrückt. Dieser Konflikt, aber auch bereits die Möglichkeit, über ihre Bescheidenheit hinauszuwachsen und zu einem großen erfüllten Gefühl zu gelangen, ist über der Frage nach dem, was ihr Herz bewegt, zum Vorschein gekommen.

Im allgemeinen wird beim spontanen Malen das Herz in Rot gemalt, in der Farbe des Blutes, des durchbluteten Organs, in der natürlichen Farbe des Herzens also, die symbolisch auch den Ausdruck von starkem Gefühl, auch von Leiden, ja Leidenschaft darstellen kann. Aber das Herz kann auch in Blau gemalt werden. Das war in der Arbeitsgruppe mehrfach der Fall: Das Herz hatte dann die Farbe der Tiefe, der Seen, des Himmels, der Sehnsucht, aber auch der Ruhe ...

Eine interessante Variante ist das Herz in Grün. Schon in der fernöstlichen Chakrenlehre wird das Herz nicht als Rot, sondern als Grün erlebt. Unwillkürlich erscheint es auch hier bei uns in Grün; offenbar in seiner ruhigen Kraft des Wachstums, des unbeirrbaren Durchhaltens und Durchtragens, das natürlicher Entwicklung eigen ist, in der Kraft der Hoffnung und der Versöhnung zwischen den Lichtkräften des Himmels, dem Gelb, und den Kräften der dunklen Tiefe, dem Blau des Wassers. Grün ist die Farbe der Herzkraft, die Tiefe und Höhe verbindet. In einem der Bilder unserer Mal-Gruppe, das zunächst Ruhe und Aufregung des Herzens noch nicht zusammenbringen konnte und in zwei Hälften getrennt war, fehlte auffallenderweise das Grün fast ganz.

Von der „Herzkraft himmlischer Geheimnisse" spricht Hildegard von Bingen, wenn sie in einer ihrer Hymnen das „alleredelste Grün" besingt als Herzensfarbe des Universums. Sie ruft es an – fast wie eine Gottheit – per Du:

„O edelstes Grün, das wurzelt in der Sonne
und leuchtet in klarer Heiterkeit
im Grund des kreisenden Rades
das die Herrlichkeit des Irdischen nicht faßt
Umarmt von der Herzkraft himmlischer Geheimnisse
Rötest du wie das Morgenlicht
Und flammst wie der Sonne Glut.
Du Grün bist, bist umschlossen von Liebe."

Ein Geheimnis um das Grün wird hier beschrieben. Indem die „Herzkraft himmlischer Geheimnisse" das grüne Menschenherz mit seiner Hoffnungskraft umfaßt und umarmt, „rötet" das Grün – wie es heißt – „wie das Morgenlicht". Wie in der Umarmung des Geliebten ein Menschenherz aufglüht, so glüht unter der Umarmung himmlischer Geheimnisse das grüne Herz auf und schlägt um in seine Komplementärfarbe – in das Rot, in die Farbe des Feuers, des Blutes, in die Farbe der Liebe. In Berührung mit diesen „Himmlischen Geheimnissen" erwacht das Irdische offenbar zur Liebe. So erlebt es Hildegard.

In einem der Bilder unserer Malgruppe, während wir zu dem Thema malten „Was unser Herz erfüllt", zeichnete eine Frau in die Mitte eines wiesengrünen Häuschens, das sie als ihren wahren Lebensort ersehnt, ein rubinrotes, glühendes Herz ein, es sah aus, als hätte das Häuschen ein Herz bekommen oder vielmehr das Herz ein Häuschen. Hier brachten sich die beiden Herzensfarben Grün und Rot gegenseitig hervor und steigerten sich als Komplementärfarben gegenseitig zur intensivsten Leuchtkraft, wie Komplementärfarben das immer tun.

In der Farbe der „Herzkraft himmlischer Geheimnisse" wiederum, in Grün, erscheint der Visionärin Hildegard von Bingen die Gestalt der Sophia, der Weisheit, die in ihrer Schau den ganzen Kosmos in all seinen Vernetzungen und Verbindungen von innen her erfüllt. Im kosmischen Rad thronend, es füllend und regierend, erscheint sie der Seherin: Über weißem Seidengewand trägt Sophia den grünen Mantel, der über und über mit Edelsteinen, vor allem mit Rubinen geschmückt ist. Eine großartige Schau ist dies von der „Herzkraft" des Universums, des Grün, in dem im komplementären Rubinrot die Edelsteine aufleuchten.

Wie wurde in der Kulturgeschichte das Herz gesehen? Schon in der altchinesischen Philosophie gilt das Herz unter allen Körperorganen als dasjenige, das den höchsten Rang einnimmt. Zugleich ist das Herz, nicht etwa das Gehirn, hier das Zentrum aller geistigen Kräfte, die aus dem Herzen über das Auge ins Hirn und von dort ins Rückenmark hinabgeleitet werden. So sieht man es in einem altchinesischen Bild. Dem Herzen entstammen hier letztlich alle Intelligenz und alle Einsicht. Wenn man das beim Denken beherzigen würde!

In der frühtaoistischen Lehre vom Herzen heißt es: „Das Herz befindet sich im Körper wie der Fürst" – was wohl ausdrücken soll, daß es alle Vorgänge im Körper regiert, damit auch die der Sinnesorgane und die des Gehirns. So leuchtet es ein, daß die Chinesen das denkende Herz kennen und es nicht als einen Widerspruch in sich selbst betrachten. Als „Fürst" der Organe ist es beides zugleich, Sitz des Intellekts und Quelle der intuitiven Einsicht. Die altchinesische Philosophie kennt noch keine Trennung von „Ratio" und „Emotio".

Das Herz als edelstes und führendes Organ besitzt nach dieser Sicht zugleich Augen. Aufgabe des Arztes in dieser Zeit ist es vor allem, diese Herzensaugen eines jeden Menschen, ob er nun eines oder sieben von ihnen hat, offenzuhalten und wieder zu öffnen – und damit das Fließen der Säfte zwischen Herz, Augen und Gehirn, worauf auch die Fähigkeit zur Einsicht beruht, wieder in Gang zu bringen: Eine wunderbar ganzheitliche psychosomatische Sicht des ärztlichen Handelns am Herzen ist dies, die Herzensaugen eines Menschen offen zu halten oder wieder zu öffnen, falls sie verklebt sind. Klingt da nicht all das an, was wir angesichts der Fülle von Herzensblockierungen als heilsam betrachtet haben, nämlich die Gefühle – und sei es durch Trauerarbeit – wieder zum Fließen zu bringen und dazu Einsicht zu ermöglichen im Sinne des bekannten Wortes des „kleinen Prinzen": Man sieht nur mit dem Herzen gut.

Eine tiefe Herzensweisheit teilt Laotse im Tao te king, im dritten oder auch vierten Jahrhundert vor Christus, mit: „Das Herz: damit hält man das Wissen fest. Dieses Wissen ist in seiner Tiefe gespeichert. Ohne aus der Tür zu gehen, erkennt man deshalb die Welt, wenn man sein eigenes Herz kennt."

Im Taoismus und auch im späteren Buddhismus wird schließlich die Lehre vom Primat des Herzens, die zuerst das Einzelindividuum meint, sogar auf den Staat übertragen: „Ist das Herz in Ruhe, so ist im Lande Frieden." Ein sehr nachdenkenswertes Wort. Zunächst meint es wohl das Herz des Regierenden. Wenn er oder sie ein ruhiges großes Herz hat, herrscht im Lande Frieden. Aber es ist mit Sicherheit auch die Einstellung eines jeden Bürgers gemeint, von dem der Frieden oder die Kriegsgefahr im Lande nicht weniger als von der Regierung abhängt.

In seiner Führungsrolle, die Frieden im Organismus des Leibes wie im Organismus des Staates verbürgen soll, erträgt das Herz keine einseitige Betriebsamkeit und Hyperaktivität, sondern es bedarf des „Wu Wei", des „Nicht-Tuns", der Besinnung, auch des kontemplativen Nicht-Handelns in der

Weise, daß man erst einmal einfühlt, wie die Dinge liegen, ehe man zur Aktion schreitet. Letztlich verschmilzt im Buddhismus „das Herz" mit Buddha, dem höchsten Weisheitslehrer, der Weisheit selbst, wenn es heißt: „Herz, das ist dieser Buddha, Buddha, das ist dieses Herz."

Hoch im Kurs steht das Herz auch in der altägyptischen Hochkultur. Es gilt, wie in China, als der Wesenskern des Menschen. Das altägyptische Totenbuch fordert, daß das Herz bei der Mumifizierung als einziges Organ im Körper belassen und einbalsamiert werde, während alle übrigen Organe aus dem Körper zu entfernen sind. Dementsprechend kommt das Herz im Totengericht vor den Wägemeister Thot, der dessen Gewicht auf das Strengste wiegt. Nur wenn dieses Herz genügend Gewicht hat und gegen die Feder der Maat, der Gerechtigkeitsgöttin, aufgewogen werden und vor ihr bestehen kann, geht der Verstorbene in die Ewigkeit ein. Vor ihr muß er gleichsam ein „negatives Sündenbekenntnis" abgeben, nämlich zum Ausdruck bringen, daß er bestimmte Untaten nicht getan hat, daß er zum Beispiel niemanden getötet hat. Interessant ist, daß hier das „innere Gewicht" des Herzens gewogen wird. Auch in der ägyptischen Hochreligion ist die Beziehung zwischen Herz und Gottheit derart, daß die Grenzen zwischen beiden verfließen. Die göttlich verehrte Sonne wird in einem altägyptischen Gebetsrhythmus als „das Pochen in meinem Herzen" angerufen – die Sonne also ist es, die zugleich im Herzen des einzelnen pocht: „Du bist das Pochen in meinem Herzen. Alles was wir in deinem Licht erschauen, wird vergehen, du aber lebst und blühst für immer und ewig." Es ist eine mystische Erfahrung, die in allen Religionen gemacht wird, daß in unserem Herzen, das wir uns nicht selbst gegeben haben, das Herz des großen Lebens pocht. Und wenn wir uns an „das große Leben" der Ägypter, an die Sonne, wieder anschließen, dann wird auch das Herz wieder weit und kann seine Ängste ablegen.

Auch die Bibel – vor allem die Psalmen – kennen das Herz als Quellgrund des Vertrauens, aber auch der Angst, in vielen

Varianten. Von ihr sind die Bilder in die abendländische Philosophie und Dichtung eingegangen, vor allem seit Luthers Bibelübersetzung, wo die Bilder und Symbole des Herzens für die deutsche Literatur geprägt wurden. Auch hier ist das Herz der Wesenskern des Menschen, um den Gott als untrüglicher „Cardiognostes", als Herzenskenner, weiß, das er erforscht und wägt. Fast rührend finde ich den Psalmvers: „Prüfe mich und erforsche mein Herz, befrage mich und erfahre, wie ich es meine." Oft weiß man selbst nicht so genau, wie man es im innersten Herzen meint, nun wird Gott aufgefordert, das herauszufinden. So bietet ein Psalmendichter schon bei Lebzeiten sein Herz dar, im gleichen Sinn, wie es die Ägypter beim Totengericht tun: Im Herzen nämlich finden sie das Wissen um das Rechte und nicht erst in den steinernen Tafeln des Gesetzes. „Ich lege in ihr Inneres mein Gesetz und schreibe es in ihr Herz", so heißt es bei Jeremia. Oder an einer anderen Stelle: „Ein Wort und einen Weg vergebe ich an sie und lege ihnen meine Furcht ins Herz" (Jeremia). Überhaupt ist die Gegenüberstellung von dem Steinernen und dem Fleischernen, nämlich dem toten und dem lebendigen Herzen, ein großes biblisches Thema. Die griechische Bibel spricht manchmal von „Sklerokardie", Luther übersetzt mit „Herzenshärtigkeit".

Ob Arteriosklerose als ernste Herzkrankheit damit zu tun hat? Manchmal vielleicht. Kenne ich doch auch herzensgute, warmherzige Menschen, die diese Krankheit haben – wie ich überhaupt vor einer zu direkten, wortwörtlichen Gleichsetzung von Organerkrankungen mit psychischen Verfassungen warnen möchte. Wie der Schatten des an sich so wichtigen psychosomatischen Denkens breitet sich heute oft eine neue Schuldzuweisung an die Erkrankten aus, als hätten sie falscher gelebt als die anderen, die keine Krankheit bekommen, als könnten solche, die „richtig" leben, nicht krank werden und logischerweise auch gar nicht sterben!

Demgegenüber fällt mir manchmal Paracelsus ein, der große Arzt, der davon ausgeht, daß der Mensch „zum Umfallen geboren" sei und jedes Wiederaufstehen dementsprechend eigentlich ein kleines Wunder ist. Wir sind sterblich und damit auch für Krankheiten offen! Hildegard von Bingen sieht es anders: Nach ihr bekommen wir auch deshalb Krankheiten, weil wir in Liebe an der Welt partizipieren, so wie der Arzt in Ausübung seines ärztlichen Dienstes sich eben anstecken kann. Für Hildegard von Bingen jedenfalls wäre dies nicht schon wieder eine neue Sünde.

Doch geht diese Wandlung des innerlich versteinerten Herzens oft wirklich nur durch ein „Zerbrechen des Herzens" hindurch, das unter einen unerträglichen Leidensdruck gerät. Ein Sufi, ein islamischer Mystiker aus dem zwölften Jahrhundert, überliefert hierzu die Antwort seines Meisters: „Wo immer eine Ruine ist, ist Hoffnung auf einen Schatz. Warum suchst du nicht den Schatz in deinem verwüsteten Herzen?"

Das Herzstück ostkirchlicher Frömmigkeit ist das sogenannte „Herzensgebet", eine mystisch-meditative Praxis, bei der im Pulsschlag, der mit dem Atem koordiniert ist, der Name „Jesus" innerlich gesprochen wird, bis das Herz gänzlich davon erfüllt wird. Ich komme noch darauf zurück.

Im siebzehnten Jahrhundert entstand eine sogenannte Herz-Jesu-Frömmigkeit in der katholischen Kirche, die auch vielfältige Bilder des verwundeten Herzens Jesu hervorgebracht hat. Wir finden sie heute oft unerträglich kitschig, sollten aber nicht vergessen, daß auch dahinter eine Symbolisierung der Korrespondenz zwischen dem menschlichen und dem göttlichen Herzen steht. Der Protestantismus wiederum entfaltet im Pietismus eine Art von Herzensfrömmigkeit. Die Idee einer Herzensweisheit und eines denkenden Herzens ist in der christlichen Tradition wie in der ägyptischen nie erstorben: „Das Feuer des Herzens ergibt mit der Kühle des Hirns zusammen erst das Gleichmaß der Gedanken", so sieht es zum Beispiel Hildegard von Bingen. Ihr verdanken wir auch, wie schon erwähnt, die Wiederentdeckung jener großen göttlichen Gestalt der Sophia, der Weisheit, die in Darstellungen ihrer Zeit wie eine Frau erscheint, an deren Herzquell sich die Gelehrten speisen. Sie ist die schöpferisch-inspiratorische göttliche Wesenheit, die irdische und überirdische Wesen tränkt, die als „Herzensbrust“ die nährende Weisheit des Gefühls aus der Herzgegend des Körpers – nicht aus der Region des Kopfes – ausströmen läßt. Hildegard nennt den Weg, der diesem Herzquell der Sophia sich anvertraut, den „Herzensweg“, iter cordis. Bernhard von Clairvaux, ihr Zeitgenosse, spricht von der „Herzenserneuerung“ und geht dabei von der Einsicht aus: „Glühen ist mehr als Wissen“.

Die Idee der Herzensweisheit und ihre Symbolik sind in der Tradition des Abendlandes nicht mehr erloschen: Unvergeßlich bleibt das Wort des denkenden Mystikers Blaise Pascal: „Das Herz hat seine Gründe, die die Vernunft nicht kennt.“ Angelus Silesius, der deutsche Mystiker des siebzehnten Jahrhunderts, der den sogenannten „Cherubinischen Wandersmann“ verfaßte, sagt an einer Stelle dieses Buches:

„Gott, Teufel, Welt und alles
will in mein Herz hinein.
Es muß ja wunderschön
Und großen Adels sein!“

Das ist das Überraschende an diesem Sinnspruch, daß er zwar die traditionellen Ängste, wer da alles ins Menschenherz hineindrängt, durchaus ausspricht und teilt, aber die Folgerung daraus zieht, daß das Herz, in das so viele hineindrängen, eine außerordentlich gute Gaststätte sein muß. Letztlich ist es für Angelus Silesius keine Frage, daß dieses Herz zur Stille finden kann (wie in der altchinesischen Herzenslehre auch) und daß es dadurch letztlich – wie er es dichterisch ausdrückt – zum „Lautenspiel Gottes“ wird:

„Ein Herz, das zum Grund
Gott still ist, wie er will,
wird gern von ihm berührt,
es ist sein Lautenspiel.“

Paracelsus wiederum stellt die Analogie „Herz" und „Sonne" her wie im alten Ägypten. Das Herz ist für ihn die Sonne im Mikrokosmos, also in unserem Leib. Oder: „Im Centro des Herzens wohnt die rechte Seele, der Atem Gottes." Sitz der Seele ist also bei Paracelsus ebenfalls das Herz.

Für Goethe schließlich gibt das Herz Weisung als „Das obere Leitende", wie er diese zielsichere innere Instanz nennt. Für ihn hat das Herz Vorrang vor Ratio und Intellekt. Wenn uns, wie er sagt, die Herzenswinke nichts bedeuten, dann verleugnen wir das Göttliche: „Wem sein Herz nicht sagt, was er sich und anderen schuldig ist, der wird es wohl schwerlich aus Büchern erfahren!" Das ist wohl auch eine kleine Korrektur gegenüber allzugroßen Respekt vor dem Wissen anderer, wenn es doch ums eigene Herz geht. Wir müssen herausfinden, was uns gut tut, wenn unser Herz in Unruhe, in Spannung und in Schmerz gerät. Ich höre manchmal, daß empfohlene Diäten für solche Menschen, denen diese Diäten widerstreben, längst nicht so viel bringen können wie andere Speisen, die sie mögen oder wie etwas, was ihnen einfach Freude macht. Aber das ist ein weites Feld.

Wie nah berührt uns doch heute die Klage Goethes, die er Torquato Tasso in den Mund legt:

„Ach daß wir doch dem reinen stillen Wink
des Herzens nachzugehn
so sehr verlernten.
Ganz leise spricht ein Gott in unsrer Brust,
ganz leise, ganz vernehmlich zeigt uns an,
was zu ergreifen ist und was zu fliehen."

Geradezu zum „Joker" sei das Herz bei Goethe geworden, meint Reich-Ranicki, wenn er den Doktor Faust auf die berühmte Gretchenfrage nach der Religion antworten lasse: „Nenn's Glück, Herz, Liebe, Gott. Gefühl ist alles, Name ist Schall und Rauch, umnebelnd Himmelsglut." Hier kommt die weite, offene Religionsauffassung Goethes zum Tragen, deren Mitte das Herz ist, eine Herzensreligion, eine Herzensfrömmigkeit.

Es ist eigentümlich, daß nach Goethe, wie Marcel Reich-Ranicki herausstellt, bei den Romantikern und Spätromantikern trotz oder wegen ihrer feinen Gefühls- und Herzenskultur die Metapher „Herz" kaum noch verwendet wurde. Mag es damit zusammenhängen, daß die Metapher „Herz" nach Goethe „abgenützt" war? Man sprach allenfalls noch vom „Herzen der Frau", aber als männlicher Dichter nicht mehr von seinem eigenen. Als Metapher scheint das Herz verbraucht – nicht als Symbol.

Heinrich Heine gebraucht das Herz nur noch im ambivalent-ironischen Sinne:

„Ich trage im Herzen viel Schlangen,
und dich, Geliebte mein!"

Die Spannung zwischen der Sicht des Kardiologen, des ärztlichen Herzspezialisten und des Cordiologen, des Herzsymbolisten, wird bereits von Thomas Mann im „Zauberberg" sichtbar und spürbar gemacht. Damals war die Röntgenaufnahme eben erst erfunden worden, was im Roman auch zur Sprache kommt. Hans Castorp schaut zu, als Joachim Ziemsens Oberkörper durchleuchtet wird. Thomas Mann: „Seine Aufmerksamkeit war in Anspruch genommen von etwas sackartigem, ungestalt tierischem, dunkel hinter dem Mittelstamme sichtbar, ... das sich gleichmäßig ausdehnte und wieder zusammenzog, ein wenig nach der Art einer rudernden Qualle. Großer Gott, es war das Herz! Joachims ehrliebendes Herz, was Hans Castorp sah."

Endgültig parodiert Erich Kästner die Verwechslung des physischen Herzmuskels mit dem psychischen Herzsymbol. Ein Mann wird durchleuchtet, er erblickt auf dem Bildschirm ein „schattenhaftes Gewächs":

„Das war mein Herz. Es gleicht aufs Haar
einem zuckenden Tintenklecks.
Das war mein Herz, das dir gehört,
geliebte Hildegard!"

Und dazu das humorvoll-groteske Fazit:

„Kind, das vernünftigste wird sein,
daß du mich rasch vergißt,
weil ein Herz, so wie meins, kein
Geschenkartikel ist."

„Willst du dein Herz mir schenken, so fang es heimlich an." Wir erinnern uns an den Text aus dem Notenbüchlein der Anna Magdalena Bach. Ist es also heute unmöglich geworden, sein Herz zu verschenken – diese „rudernde Qualle", diesen „zuckenden Tintenklecks" – im Zeitalter der Herzaufnahmen, der Herztransplantationen?

Dabei – gerade heute, im Zeitalter der Herztransplantationen – zeigt sich mit eindrucksvoller Mächtigkeit, wie stark die Vorstellung des Herzens als Symbol auch unter uns heutigen Menschen noch wirksam ist. Mit einer transplantierten Niere können viele ganz gut leben, zumal der Spender mit der anderen Niere oft auch noch lebt, noch leben kann. Mit einem transplantierten Herzen lebt es sich viel schwieriger, und viele lösen dadurch die Abstoßungsreaktionen des transplantierten Herzens aus, daß sie sich innerlich nicht damit abfinden können, mit dem Herzen – symbolisch mit dem Gefühlszentrum, ja sogar dem religiösen Zentrum – eines anderen zu leben. Diese Vorstellung entspricht ja uralter, symbolischer Menschheitstradition.

Andererseits gab es „das Herzverzehren", das Aufessen des Herzens eines anderen in archaischen Kulturen wirklich. In unseren Mythen und Märchen und sogar in dem Roman „Der Fall Franza" von Ingeborg Bachmann wird es in symbolischem Sinne noch erwähnt. Es ging darum, das Herz eines anderen zu verzehren, um an dessen Lebenskraft teil zu bekommen.

Ein Kollege, der seine Transplantationserfahrung inzwischen auch niedergeschrieben hat, vermochte das transplantierte Organ erst von da an anzunehmen, als er intuitiv symbolisch ein Ritual gestaltete, in dem er das Organ des Spenders ausdrücklich als dessen Opfer, dessen Geschenk an sich selber annahm und für den anderen, den Spender, sozusagen eine Totenmesse hielt. Das sah so aus: Als ihn die Krankenschwester wenige Tage nach der Operation – mit dem Kassettenrecorder im Bett Mozarts Requiem hörend – vorfand, war sie entsetzt und meinte, er hätte Sterbephantasien, womöglich Selbstmordphantasien. Er entgegnete, daß er gerade erst dadurch, daß er das Organ eines anderen als ein Geschenk, als ein Opfer nehmen könne, wieder Lebensphantasien habe. Aber das gelinge nur, wenn er sich bei ihm bedanke und etwas für ihn tue. So spendete er dem Spender innerlich die Totenmesse, indem er viele Tage lang mit Mozarts Requiem lebte.

Einem anderen sein Herz zu schenken, ganz modern, ganz physisch und doch ganz psychisch: Was das heißen könnte, das ermessen und erfassen solche Menschen, die inzwischen gut mit dem Organ eines anderen leben, das immer mehr von ihrem eigenen Blut durchströmt und dadurch ihnen zu eigen wird, auch wenn sie solchen Transplantationen vielleicht nach wie vor sehr ambivalent gegenüberstehen. Jener ärztliche Kollege, von dem ich eben berichtet habe, hat eine entsetzliche Zeit durchgemacht, bis er wirklich mit dem fremden Organ leben konnte. Aber als Vater von mehreren noch kleinen Kindern glaubte er, keine Wahl zu haben, da er sich elementar vom Leben noch gebraucht wußte. So wagte und akzeptierte er die Operation, in seinem Falle war es die Leber, sich dabei fragend und bereit haltend, ob dies überhaupt von seinem Leben angenommen werden würde, ob er es überleben könnte. Damit möchte ich die tiefe Problematik solcher Transplantationen nur ansprechen, sie aber keineswegs übergehen. Transplantationen haben nicht zuletzt, vielleicht sogar zuerst, mit der Symbolik der Organe, vor allem des Herzens zu tun, damit, daß wir das zentrale Lebensorgan eines anderen fast nicht annehmen können. Und hier, wenn überhaupt irgendwo, scheint solch ein Ritual wie diese selbstgestaltete Totenmesse innerlich notwendig zu sein.

Ich komme auf die Meditationsübungen zurück, die vom Herzen als dem Zentrum des Menschen ausgehen wie zum Beispiel das entsprechend benannte „Herzensgebet" der Ostkirche, das die russischen Pilger übten, die russischen Starzen, aber auch die Mönche auf dem Berg Athos, und das heute wieder aktuell geworden ist, so daß es von westlich-orthodoxen Priestern gelehrt wird wie von Willi Massa in seinem Meditationszentrum „Neumühle" im Saarland, von dem katholischen Abt Emanuel Jungclaussen im Benediktinerkloster Niederaltaich an der Donau, aber auch von Psychotherapeuten aus der Züricher C. G. Jung-Schule, wie Franz Xaver Jans-Scheidegger, der in Luzern arbeitet. Es scheint etwas daran zu sein, daß heutige Menschen, und zwar Christen wie Nicht-Christen, anzieht.

Ursprünglich war es einfach ein Ruf nach Gottes Erbarmen, ein Anruf an das große Herz der Welt, dem sich das kleinere Menschenherz angeschlossen fühlte und dem es sich wieder neu anschließt, indem es in dieser Übung des Herzensgebetes zum Beispiel den Namen Jesus im Rhythmus des Atems spricht und schließlich auch, ohne ihn auszusprechen, mit dem Atem synchronisiert; zuletzt wird gar nicht mehr gesprochen, sondern nur noch geatmet oder auf den Puls des Herzens gelauscht.

Eine eigentümliche Erfahrung ist dies, ähnlich der, die man mit einem Mantra machen kann, einem Wort, dessen immerwährende Wiederholung den Atem in einen bestimmten Rhythmus bringt. Nun ist „Jesus" kein beliebiges Wort, sondern, wenn dieser Name wie ein Meditationsmantra wieder und wieder gesprochen wird und sich mit dem Atem synchronisiert, ein Name, der gleichsam über den Atem in unseren Herzrhythmus eingehen kann zusammen mit all den behütenden, liebevollen und heilenden Kräften, die dieser Name in sich trägt und die der Christ mit ihm verbindet. Doch offenbar wirkt diese Übung nicht nur bei ausdrücklich gläubigen Menschen, offenbar kann dieser Name eines großen Heilers, der Jesus nun auf jeden Fall war, wie ein besonders kraftvolles Mantra wirken, nämlich eine große Beruhigung, Tröstung und Weitung des Herzens bringen, wenn man ihn mit dem Atem und dem Herzrhythmus zusammenbringt. Es mag diese, es mag auch eine andere Übung, ein anderes Mantra, ein anderes Atemwort sein, das unser Herz heilend zu berühren vermag. Wovon ich am Anfang berichtete, war eine Erfahrung, die ohne jedes Wort geschah, einfach eine stille Atemübung, in der ich mein Herz fundamental erlebte.

Welchen Zugang wir auch wählen: Der Wiederanschluß unseres Herzens an das größere Herz allen Lebens ist es, was unser Herz weitet, was die Verengungen unseres Herzens, die Angina pectoris, verengte Herzkranzgefäße und die dazugehörige Herzensangst, so wohltuend beeinflussen kann wie offenbar nichts anderes. Unser eigenes Herz sehnt sich danach, sich wieder anzuschließen. Das gesundete Herz ist das große Herz, das weite Herz, das im Rhythmus allen Lebens mitschlägt und mitschwingt; das mit Antigone aus ganzem Herzen sagen kann: „Nicht mitzuhassen, mitzulieben bin ich da." Ich denke, solche Einstellung heilt das Herz.

8.
Räume der Liebe
Die Kraft zu überleben

Geht es in all unseren Lebensträumen nicht letztlich um etwas, das wir lieben, um etwas, das das Leben wert macht, gelebt zu werden?

Nachdem wir in den vorhergehenden Kapiteln so manche Lebensträume und Lebensräume bedacht, so manche Stufe inneren Wachstums mit vollzogen haben, stehen wir jetzt vor der eigentlichen Tür zum Lebensraum, zum Raum unseres Lebens: Wie kommen wir über die Schwelle zum Leben selbst? Es scheint da eine Schlüsselfrage zu geben. Ob sich unser Lebensraum auftut oder verschließt, verengt oder weitet, hat offenbar sehr viel damit zu tun, ob wir eher liebend oder eher gleichgültig im Leben stehen, liebevoll oder verachtend, entwertend. Nichts fällt schwerer in die Waagschale, wenn wir nach unserer Lust oder Unlust zum Leben fragen, als unsere Fähigkeit zu lieben. Es ist nichts so eindeutig wie die Liebe, was unsere Lust zu überleben weckt und stärkt, auch wo schwierigste Umstände vorhanden sind.

Es fällt mir immer wieder auf, wie in der Literatur aus sogenannten Entwicklungsländern, zum Beispiel aus Südamerika, oft bei großer wirtschaftlicher und sozialer Notlage doch eine Vitalität aufbricht und aufleuchtet, eine Lebensleidenschaft, wie sie in unserer westlichen Literatur und Welt nur selten zu finden ist. Oft vibriert diese Literatur vor Erotik, die sich nicht auf menschliche Beziehung beschränkt, sondern Beziehung zu Stadt und Landschaft einbezieht, pflanzliches und tierisches Leben, Geräusche, Gerüche und Geschmäcke. Es ist vitale und vitalisierende Literatur, denke ich nur an Marquez' „Die Liebe in den Zeiten der Cholera" oder an Allendes „Eva Luna", aber auch „Paula", wo die Schriftstellerin ihre im Koma liegende Tochter begleitet, umstellt vom Tod, aber mitsamt dem Tod umbrandet von Leben.

Wie unsere Fähigkeit zum Lieben, im umfassenden Sinn verstanden, unsere Fähigkeit zu leben, zu überleben, stärkt, soll das Thema dieses Kapitels sein. Ob unser inneres Wachstum in echte Liebe zum Leben mündet – oder schon immer darin gründet –, das scheint die entscheidende Frage zu sein. Räume solcher Liebe zum Leben zu zeigen, aus denen sich die Kraft zum Überleben speist, ist meine Intention in diesem letzten Kapitel.

Es gibt ein kleines Gedicht, das ich zuerst von meiner Mutter gehört habe, ein Gedicht aus dem Mittelalter:

Ich komm, weiß nit woher
Ich geh, weiß nit wohin –
Mich wundert's, daß ich fröhlich bin.

„Mich wundert's, daß ich fröhlich bin" – so konnte sie manchmal sagen in ihrer nachdenklichen Art, meine Mutter, die oft von Tod bedroht war, die schon mit Anfang Zwanzig die erste ihrer lebensgefährlichen Nierenoperationen erlebte, die später ihre fünf Kinder durch den Bombenkrieg steuerte und die doch 72 Jahre alt wurde, ehe sie an ihrem Nierenleiden starb, 72 Jahre immerhin, für die sie dankbar war, denn, auch wenn es sie selbst wunderte, sie war fröhlich.

Ich denke manchmal, daß es sogar mit dieser Nachbarschaft zum Tod zusammenhing, daß sie fröhlich war, so wie es bei manchen Menschen, die vom Tod gestreift werden, dazu kommt, daß sie seitdem intensiver leben, weil sie die Kostbarkeit des Lebens anders spüren als die unangefochtenen, weil sie sich den köstlichen Geschmack des Lebens, das Lebendigsein, auf der Zunge zergehen lassen ...

„Leben wär ein prima Alternative", so nennt Maxie Wander das Buch, das sie über ihre Krebserkrankung schrieb.

Eine Studienkollegin, die immer die Begabung und den Drang zum Schreiben in sich gespürt hatte, die ihn aber für eingebildet hielt, gab ihm erst nach einem Leben als Familienmutter, bei dem ihr immer etwas gefehlt hatte, endlich nach, in den Wochen, in denen sie einen Knoten in ihrer Brust entdeckte. Das Schreiben, das sie jetzt begann, machte sie wiederum so lebendig, daß sich nach einigen Monaten der Knoten wieder zurückzubilden begann und schließlich verschwand. Vielleicht war es gar kein Krebs gewesen. Die Pointe an dieser Entdeckung war, daß die aufkommende Angst um ihr Leben endlich die schöpferische Kraft entband, die sie immer in sich gespürt hatte, und die ihr das Leben erst richtig lieb machte, von nun an auch ihr Leben als Familienmutter.

Einer meiner Patienten entdeckte in solcher Situation der Bedrohung seine Gefühle wieder, die tiefgehende Liebe zu seiner Frau, die unter dem Alltagsschutt von 20 Jahren Ehe vergraben gelegen hatte.

Eine ganz junge Frau aus meiner Verwandtschaft wiederum lernte zum ersten Mal wirklich lieben in den Wochen, in denen sie auf der Intensivstation lag – den jungen Mann, der sie nun so treulich wie kein anderer besuchte in den Wochen, als sie zwischen Leben und Tod schwebte. Bei ihr hat die Schubkraft der Liebe den Wunsch zu überleben gewiß nicht unerheblich verstärkt.

Ein überzeugendes Beispiel dafür, wie die Liebe die Kraft zu überleben stärkt, ist auch die mexikanische Malerin Frida Kahlo, die mit 18 Jahren einen entsetzlichen Verkehrsunfall erlitt, bei dem ihr ein Gestänge des umgestürzten Busses den Unterleib durchbohrte, eine Verletzung, die sie knapp überlebte und die sie ein Leben lang – sie wurde nur wenig über 40 Jahre alt – in zahlreiche Folgeoperationen verwickelte. Ihre Wirbelsäule, ihr Becken waren mehrfach gebrochen. Ihre Biografin nennt sie „die Malerin der Schmerzen". Sie hat sehr mutig ihre Existenz als behinderter Mensch zum Thema ihrer Malerei gemacht.

Was dieser Frau einen unbändigen Lebenswillen verlieh, war die Liebe zu Mexikos großem Maler Diego Rivera, die sie auch als behinderte Frau zu gewinnen wußte, durch ihre große Vitalität und schöpferische Kraft, die wie eine Flamme ihre Lebensenergie speiste, auch wenn dieser schwierige Mensch ihr wohl ebenso viel Leid wie leidenschaftliche Lust bescherte. Wie dem auch sei, er war ihre Passion, die sie auch schöpferisch immer wieder entzündete, so daß sie selbst zu einer großen Künstlerin heranwuchs: eine Malerin der Liebe zum Leben, ja, der Liebe als einer kosmischen Macht.

Auf einem von ihr gemalten Bild ist sie in der Mitte, in ihrem Schoß der geliebte Mann und über ihr die Erdmutter, die Mutter Mexikos. Sie fühlt sich getragen und umfaßt von dieser Großen Mutter, und so kann sie auch den Mann tragen, der ihr manchmal auch wie ein „Riesenbaby" erschien – aber das ist hier sicher nicht primär gemeint, sondern daß sie ihn auch liebte wie ihr Kind. Bei ihr ist die Landschaft, die Natur, die ja sehr herb ist in Mexiko, einbezogen in ihren dunklen und ihren lichten Seiten, beides gehört zusammen. Die Wirklichkeit des Todes, die Nähe zum Tod steigert ihren Willen und ihre Lust auch am Leben.

Man könnte die Reihe dieser Beispiele fortsetzen, in denen gerade durch die Gefährdung des Lebens auch die Sehnsucht nach Leben gesteigert wird, in denen wir in der Nähe des Todes unsere Liebe zum Leben erst ganz entdecken, in der wir erst spüren, was uns an diesem Leben alles kostbar ist, vom duftenden Morgenkaffee bis zum Gute-Nacht-Kuß, vom hingegebenen Schaffen bis zum Ausspannen auf einer Decke im Gras. Wir kennen es wohl alle, dieses besondere Aufleuchten und Aufflammen des Lebens angesichts seiner Bedrohung: durch Krankheit und Katastrophen, durch Umweltschäden und Krieg, letztlich durch den Tod selber.

Wir kennen aber auch das andere: daß durch das gleiche Bedrohtsein unseres Lebens unser Lebensgefühl umkippt: In Angst und Trauer und Resignation hinein, so daß uns das Leben verdorben ist, verleidet, so daß wir in ohnmächtiger Wut und wirklicher Verzweiflung vor alledem stehen, was uns und anderen schon passiert ist und womöglich noch passieren wird. In dieser Spannung zwischen Ja und Nein pendelt wohl das Lebensgefühl eines jeden Menschen – und doch bin ich es immer wieder, gern am Leben und möchte so bald nicht sterben: „Mich wundert's daß ich fröhlich bin."

Es ist eigenartig: Selbst bei denen, die sterben wollen – ich begegne ihnen in meiner psychotherapeutischen Praxis nicht selten –, selbst bei ihnen ist die Sehnsucht nach dem Tod oft verbunden mit einer Freiheitsphantasie, einer Phantasie von intensiverem, erfüllterem Leben und sei es erst im Augenblick des Sterbens. Die Todessehnsucht ist verbunden mit einer Sehnsucht nach drüben, wo Durchblick, Freiheit und tiefer Frieden erwartet werden. Oft sogar verbunden mit intensiven Farben und Musik.

Was sie suchen im Tode, ist eigentlich das Leben. Wenn ihnen das aufgeht, können sie manchmal das Steuer noch herumwerfen, von der Sehnsucht zu sterben hinüber zur Sehnsucht zu leben. Und es kann sein, daß Menschen, die schon sterben wollten, wieder auf den Geschmack des Lebens kommen, sobald auch nur in einer therapeutischen Beziehung wieder Gefühle von Zuneigung und Zutrauen in ihnen aufkommen; sobald das Empfinden völliger Ohnmacht dem anderen weicht, wieder etwas tun, etwas gestalten zu können – und sei es gleichsam probeweise, indem sie z. B. ein Bild der Situation malen. So sagte mir eine Klientin, daß sie über dem Malen des Blattwerks an ihrem Lebensbaum, das all ihre Aufmerksamkeit forderte, für Stunden ihre Todessehnsucht einfach vergaß. Dabei wurde ihre Todessehnsucht von den schöpferischen Kräften in ihr einfach überholt und überwunden.

Bei anderen wiederum ist es einfach der gesunde Organismus, der Körper, der leben will, trotz des Todeswillens des Bewußtseins. Er spielt der suizidalen Absicht einen Streich – beginnt zu schwimmen, obwohl er ertrinken sollte, ißt, obwohl er verhungern sollte. Das Leben in uns, das Lebendige unseres ganzen Körpers, der wir auch sind, ist stärker als der Sterbewille unseres isolierten Bewußtseins. Für manche bedeutet die Rückkehr ins Leben eine wirkliche Verwandlung, eine erstmalige Entdeckung, was Leben heißen kann, so daß sie von da an, wie es Rose Ausländer in einem Gedicht ausdrückt, „Das Leben liebkosen, sich anvertrauen dem Wind."

Für andere allerdings bleibt die Verhaftung an das Zerstörende und auch an die Selbstzerstörung bestehen, die Verweigerung allen Glaubens an eine mögliche Verwandlung und Erneuerung: Die Affinität zum Toten, die Nekrophilie, wie Erich Fromm diese Einstellung mit einem starken Ausdruck nennt, wenn sie zur festen Lebenshaltung wird, – und das kommt auch bei solchen vor, die niemals daran dachten, sich wirklich umzubringen. Letztlich gehört zu dieser nekrophilen Haltung die Entwertung alles Bestehenden, der Beziehungen, der Verhältnisse in Politik und Gesellschaft, ja auch der Lebensmöglichkeiten der Natur: „Denn alles, was entsteht, ist wert, daß es zugrundegeht", so spricht Mephisto.

Es wirkt in diesem Zusammenhang zunehmend irritierend, wenn in manchen Gesprächen über unsere heutige Lebenssituation einfach nur noch das Bedrohliche genannt wird, wenn die Bedrohungen geradezu angehäuft werden, mit Zahlen über künftige Entwicklungen untermauert. Für den Fortgang des Lebens gibt es aber keine Zahlen, die stimmen. Diese Gespräche werden aus berechtigter Sorge um unser Leben begonnen, ja um unser Überleben – nur, scheint mir, schleicht sich manchmal fast unbemerkt etwas Destruktives, etwas Nekrophiles in sie ein – und sie erreichen dann das Gegenteil von dem, was sie erreichen wollten und sollten.

Daß wir uns hier recht verstehen: Ich bin tief davon überzeugt, daß Informationen über unsere Erde notwendig sind, geradezu lebensnotwendig, und daß es bittere Ignoranz ist, sie einfach zu überhören, aber wenn diese Gespräche in jenen destruktiven Sog geraten, wirken sie nicht mehr aufweckend, aktivieren sie nicht mehr die eigenen Lebenskräfte, sondern wirken erdrückend, lähmend, ja sadistisch – sie polarisieren die Gesprächspartner, aber auch die Menschen in der Welt, einerseits in die Opfer, die nichts tun können und andererseits in die Täter, die die Welt ins Unglück stürzen und angeblich überhaupt nicht zu beeinflussen sind. Dabei tragen wir doch beide Möglichkeiten, Opfer und Täter in dieser Sache zu sein, alle in uns selbst. Unvermutet geraten diese Gespräche oftmals in den Sog der Nekrophilie.

Dem gegenüber stellt Erich Fromm die Mentalität des Biophilen, der alles Lebendige liebt und für es hofft. Genau wie die Nekrophilie besteht die Biophilie nicht aus einem einzigen Wesenszug, sondern sie stellt eine ganze Orientierung, eine bestimmende Art zu leben dar. In elementarster Form kommt sie in dem Drang zu leben zum Ausdruck, wie er sich bei jedem lebendigen Organismus findet. Wir beobachten diese Tendenz zu leben bei jeglichen belebten Wesen um uns; beim Gras, das sich durch Steine hindurch seinen Weg zu Licht und Leben sucht; beim Tier, das bis zum letzten kämpft, um dem Tod zu entrinnen. Die Tendenz, das Leben zu erhalten und sich gegen den Tod zu wehren, ist die elementarste Form der biophilen Orientierung.

Dies stellt aber nur einen Aspekt des Lebenstriebes dar. Der andere Aspekt ist noch positiver: Alle lebende Substanz hat die Tendenz, sich mit anderen und auch andersartigen Lebewesen zu vereinigen und einer Struktur gemäß zu wachsen. Vereinigung und integriertes Wachstum sind für alle Lebensprozesse charakteristisch, und der elementarste Ausdruck dieser Tendenz ist die Fusion von Zellen und Organismen, von der nicht sexuellen Zellfusion bis zur sexuellen Vereinigung bei Tieren und Menschen. Im letzteren Fall kommt es zur sexuellen Vereinigung durch die mächtige Anziehung, die zwischen dem männlichen und dem weiblichen Pol besteht. So schreibt Erich Fromm:

„Die männlich-weibliche Polarität bildet den Kern des Bedürfnisses nach Vereinigung, von dem der Fortbestand der menschlichen Species abhängt. Eben aus diesem Grund scheint die Natur den Menschen mit der intensivsten Lust bei der Vereinigung der beiden Pole ausgestattet zu haben."

So elementar ist es: In diesem Bedürfnis, die gegensätzlichen Pole zu vereinigen, besteht das große Grundgeheimnis des Lebens.

Diese beiden Grundeinstellungen, die der Nekrophilie und die der Biophilie, und damit die Liebe zum Lebendigen oder die zum Toten (nicht zum Tode!), schlagen auch angesichts der gleichen äußeren Ereignisse, der gleichen Bedrohung von der Außenwelt her durch. So war es z. B. während des Golfkrieges, der nun eine Weile zurückliegt und sich gerade aus dem Abstand heraus gut für eine Veranschaulichung der damaligen Reaktionen eignete. Erinnern wir uns: In vielen Menschen war Angst aufgekommen, ja Panik. Es gab Hamsterkäufe, es gab Angstträume, ja Träume vom Weltuntergang. In solchen Träumen – ich habe sie in meiner psycho-therapeutischen Praxis erzählt bekommen – verfinsterte sich die Sonne auch bei uns, gab es unabsehbare Schäden in der Atmosphäre, unabsehbare Zerstörungen im Himmel und auf Erden. Es ist gar keine Frage, daß der Golfkrieg wirklich riesige Zerstörungen angerichtet hat, wohl größere, als allgemein bekannt wurde – doch war es manchmal, als wollten diejenigen, die diese Träume träumten, die Erde mit zerstören, als flösse ihre Wut auf das Versagen der Politiker, auf die Unzulänglichkeit der bestehenden Verhältnisse in diese Träume mit ein, als gönnten sie es der Erde, unterzugehen.

Und es gab auch die nekrophile Faszination von dem Waffenarsenal, von jenem glänzenden Potential an Zerstörerischem. So träumte eine Jugendliche, sie schreite als Riesin über die Erde und zerträte die Städte wie Plastikschachteln, wie Blechbüchsen ... Es war klar: Sie selber hatte eine Riesen-Wut im Bauch, auf ihre Eltern, auf die Schule, auf die ganze Gesellschaft mit ihren Müllhalden, mit ihrer Verschwendung und zugleich den arbeitslosen Massen an der Armutsgrenze. Wut hatte sie auf eine Welt, die ihr verachtenswert erschien. Sie fühlte sich ungeliebt und hatte noch niemanden gefunden,

den sie lieben könnte. Bei einer Jugendlichen ist diese Einstellung begreiflich, nur zu begreiflich als Ausdruck unguter Familienverhältnisse und der wirklich destruktiven Zustände in Gesellschaft und Politik. Vielleicht wird sie einmal eine andere Antwort auf all das Zerstörerische finden können, als selber mitzuzerstören, wenn das Leben sie eines Tages an der Hand nimmt und sie irgendwo in das Geheimnis der Liebe hineinführt. Wir wollen hier auch die wunderbar konstruktive Protestbewegung der Schüler in unserem Land gegen den Golfkrieg nicht vergessen! Sie war keineswegs selbstverständlich, es wäre selbstverständlicher gewesen, jener nekrophilen Lust an der Zerstörung mit nachzugeben. Doch kann sich die zerstörerische Haltung jener Jugendlichen, von der ich sprach, bei andaudernder Frustration zu einer Haltung auswachsen, fixieren zu einer Identifikation mit dem einzigen unzerstörbaren Zerstörer, den wir kennen, mit dem Tod. Es kommt dann zu dem, was Erich Fromm die Affinität zum Toten nennt.

Unübersehbar anders waren die Reaktionen der Menschen, die zu der Zeit in einer lebendigen Beziehung zum Leben, auch in einer lebendigen Beziehung zueinander, ja in einer Liebe standen: Auch da kam Angst auf, selbstverständlich, Angst vor allem bei der entsetzlichen Vorstellung, der geliebte Mann, der Sohn oder der Bruder könnte womöglich noch selbst an den Kriegsschauplatz beordert werden – die ganze Absurdität dieses Krieges war plötzlich hautnah zu greifen, weil der Wert eines einzigen Menschen zum Greifen nahe war. Und das war das andere in der Angst dieser miteinander verbundenen Menschen: Es war eine bezogene Angst, eine „liebende Angst" gleichsam, wie Günter Anders diese Angst nennt, die aus dem tiefen Mitleiden kommt, und die zu einer ebenso tiefen Mitverantwortung führt. Die Angst der Liebenden war anders: Es war nicht in erster Linie Angst um sich selbst, um das eigene geschützte Leben, die wirtschaftliche Existenz, es war vor allem auch keine geheime Lust am Untergang, auch nicht primär die Anklage gegen andere. Sie kam vielmehr aus dem Gefühl, aus einem echten Mitgefühl mit den anderen Lebenden und Liebenden, auf welcher Seite der Kämpfe sie auch standen: den Müttern mit ihren Kindern in den Bombenkellern in Irak, in Israel, den jungen Männern aller Seiten, den schwarzen GI's, den weißen, auch Frauen darunter, den irakischen jungen Männern, die von Frau und Kind, oft von der Mutter weg in den Krieg geschickt wurden. Und jetzt haben wir fast die gleichen Vorgänge im ehemaligen Jugoslawien, im Kosovo, und begreifen sie fast noch weniger.

So träumte eine Frau in Süddeutschland von endlosen Trecks von Kosovo-Albanern auf der Flucht. Wie in Nahaufnahme holte der Traum auf einmal die Gesichter heran, oft mit glutvollen dunklen Augen. Und sie hörte im Traum eine Stimme: Sie fahren alle in den Tod. Als sie aufwachte, hatte sie ihr Kopfkissen naß geweint. Liebe zum Leben, zum Lebendigen kennt keine Fremden. Sie hatte niemanden unter diesen Menschen gekannt, konnte sich dennoch mit ihnen identifizieren; aber auch nur einen einzigen Freund auf der Gegenseite zu haben, den man wiedersehen möchte, führte alle kriegerischen Auseinandersetzungen ad absurdum.

Und auch dies gilt: In aller von außen einstürmenden Panik einen einzigen Menschen zu haben, mit dem man sich nah verbunden fühlt – das richtete auch eine aus dem Gleichgewicht geratene Psyche wieder auf, ließ zu einer Hoffnung zurückfinden, daß alles sich doch noch zum Guten wenden ließe.

Auch hierzu ein Traum, weil Träume ja sagen, wie die Dinge in einer tieferen Schicht unserer Psyche wahrgenommen werden:

„Ein großer Teil Norddeutschlands flüchtet auf großen Schiffen hinaus aufs Meer. An Land hat eine furchtbare Zerstörung eingesetzt. Ich merke aber, wie das Schiff, auf dem ich bin, gefährliche Schlagseite nach links bekommt, es ist vielleicht falsch beladen oder hat ein Leck. Es hängt nach der linken Seite tiefer im Wasser. Als ich das bemerke, gerate ich in noch größere Panik und versuche nur noch, unbedingt meinen Partner, der auch auf dem Schiff sein muß, zu finden. Durch all das Menschengewimmel hindurch dringe ich in den tieferen Leib des Schiffes vor, stoße im Zwischendeck zunächst auf Willy Brandt, was mich bereits ein bißchen beruhigt, und schließlich im untersten Deck finde ich Jost, meinen Freund: Als ich ihn umarme, unendlich erleichtert, spüre ich, wie sich das Schiff aus seiner Linkslage aufrichtet und wieder ins Gleichgewicht kommt."

Die öffentliche Notlage, die die Flucht aufs Meer hinaus bewirkt, ist natürlich nicht behoben, wohl aber die ganz persönliche dieser Frau, die diesen Traum träumt. Mitten in der äußersten Not ist sie zuletzt doch wieder in ihrem inneren Gleichgewicht. Und das wirkt in diesem Traum auch erheblich auf die Situation des Kollektivs zurück: Seit die beiden sich wiedergefunden haben, wird auch das Schiff nicht kentern. Wenn die einzelnen Halt finden aneinander und in einer Hoffnung aufs Überleben stehen, wird die Situation für alle hoffnungsvoller – so sagt dieser Traum. Aber auch ein Politiker wie Willy Brandt, der zur Symbolfigur der Versöhnung fast unüberbrückbarer Gegensätze – damals mit Osteuropa – geworden ist, taucht hier nicht von ungefähr auf.

Das Mitgefühl der mit dem Leben verbundenen Menschen reichte in diesen Wochen weiter als nur bis zu den menschlichen Belangen. Ich denke z. B. an die ölverschmierten Wasservögel, deren hilfloser und gequälter Blick die Menschen, die sich davon berühren ließen, oft bis in den Traum hinein verfolgen. Es ging nicht darum, daß hier sentimentalerweise das Leiden der Tiere ernster genommen worden wäre als das der Menschen – wie manche Presseartikel abwehrend behaupteten. Ich habe von sehr vielen solcher Träume gehört, die vielmehr zeigten, daß alles Leben miteinander verbunden ist.

Die auf das Leben bezogenen Menschen wünschen leidenschaftlich, daß das Leben weitergeht, das Leben, das auch den Raum enthält für ihre Liebe. Bis zuletzt und längst über die Zeit der kurzatmigen Politiker hinaus plädierten sie dafür, daß mit uneinsichtigen Regierungen weiter verhandelt würde, ehe man Gegengewalt einsetze – so in ihren Träumen, aber auch in der Wirklichkeit der Politik. Dort taten es viele ganz persönlich.

Einer meiner Psychotherapeuten-Kollegen träumte in diesen Tagen: „Eine Menschenkette findet sich um den Golf herum zusammen, reicht sich die Hände und trauert gemeinsam um die zerstörte Region, um die Menschen, die Tiere, die Meere, die Luft und die Erde. Auf einmal erhebt sich aus der Mitte des Golfes ein riesiger Vulkan, dessen feurige Hitze die Kraft hat, das verseuchte Wasser zu destillieren: als gereinigter Regen fällt er wieder herab. Die Menschen weinen vor Dankbarkeit, als der gereinigte Regen fällt."

Wie eine klärende Kraft tritt die vulkanische Tätigkeit der Erde hier in Erscheinung, selbst ein zerstörerisches Potential, doch hier von heilsamer Wirkung, die alle verunreinigten Elemente wandelt. Ein utopischer Traum? Vielleicht – aber auch wieder nicht. Mehr als utopisch ist der innere Zusammenhang, den dieser Traum aufzeigt, zwischen dem Zusammenschluß dieser zu Umkehr und Neuanfang entschlossenen Menschen und der daraus entstehenden Erneuerung der Elemente. Sie geschieht durch die trauernde Liebe der Menschen, die sich zusammenfinden zu einem uralt-neuen Ritual der Umkehr. Solange es die Liebe zu dem Leben auf dieser Erde gibt, wird es auch Hoffnung für sie geben. Und wenn wir an ihren möglichen Untergang denken, wird die Liebe zu ihr nur noch stärker entbrennen.

Der Begriff des „Lebens", wie er beispielsweise in der sogenannten Lebensphilosophie aufkommt (Nietzsche, Dilthey, Bergson), ist immer ein polar zu einem Gegensatz gebrauchter Begriff: So betont er die Lebendigkeit des Lebens gegen jede Vorstellung eines starren und festen Seins, wie es die Philosophie und auch die Theologie zuvor durchaus kannten. Ich würde sagen, er betont die Lebendigkeit des Lebens gegenüber allem starren Fixierten und Toten. „Leben ist Bewegung, ist Werden und als solches in ständigem Fluß", so beschreibt es

Bollnow. Leben ist zugleich Schaffen, ist schöpferische Entwicklung. Und verhält es sich nicht so mit dem Leben, wie wir es in unseren bisherigen Überlegungen immer wieder beobachten konnten: Leben ist immer dort belastend, wo wir uns ohnmächtig fühlen. Leben ist immer dort lustvoll, wo wir gestalten können – mitgestalten, umgestalten, neugestalten. Oder, wie Fromm es sieht:

„Wer das Leben liebt, fühlt sich von Lebens- und Wachstumsprozessen in allen Bereichen angezogen. Er will lieber neuschaffen als bewahren. Er vermag zu staunen und erlebt lieber etwas Neues, als daß er in der Bestätigung des Altgewohnten Sicherheit sucht. Das Abenteuer, zu leben, ist mehr als Sicherheit."

Indem Dilthey das menschliche Schaffen, das gestaltende Hervorbringen, als Objektivierung des Lebens verstand, hat er das scheinbar fest bestimmbare Wesen des Menschen in den Prozeß der Geschichte hinein verflüssigt und Geschichte allgemein als Wachstum des Lebens verstanden, in dem der Mensch in seinen eigenen Gestaltungen zugleich sein eigenes Wesen erkennt und vermehrt. Das Leben schließt also Geschichte ein, hat Geschichte, wie ja auch jeder einzelne Mensch seine Lebensgeschichte, die Geschichte seines Lebens hat.

Subjektiv bedeutet Leben die Gesamtheit der seelischen Kräfte des Menschen, besonders der eher irrationalen Kräfte des Gefühls und der Leidenschaft gegenüber jeder einseitigen Vorherrschaft des Verstandes. Die Lebensphilosophie betont mit Bergson die Intuition und die innere Schau als wesentlich für das Erleben des Lebens, mit Dilthey die Wechselwirkung von Erleben und Verstehen, in der das Leben seiner selbst in seiner Fülle inne wird.

Diese Auffassung des Lebens zielt notwendig auf die Bejahung des ganzen und vollen Lebens. Auch die Leiden und Schmerzen, auch die Bedrohungen und die Gefahren werden hingenommen, wenn sie zur Ausweitung und zur Vertiefung des Lebens beitragen. Leben wird zu einer immer neu über sich hinausdrängenden Bewegung: Es wird gerne in das Symbol des Flusses oder der Flamme gefaßt. Nie im gegebenen Zustand zu beharren, wird so zur Aufgabe und zur Wesensbestimmung des Lebens, zu der lebendigen Aufgabe, sich zu überschreiten, sich zu transzendieren.

Ist es zunächst auch das menschliche, das vom Menschen gelebte Leben, wovon diese Lebensphilosophie spricht, so ist es doch zugleich unendlich viel mehr, ist das Leben aller Lebewesen, ja der Seinsgrund selbst, schöpferische Quelle. Und damit ist zugleich das Verhältnis des einzelnen zu diesem Quellgrund angedeutet: Er fühlt sich aufgefangen und getragen von einem großen umfassenden, wenn auch manchmal übergewaltigen Leben.

Ich betrachte nun den gleichen Zusammenhang noch einmal aus einer anderen, persönlicheren Perspektive: Was heißt es nun für mich, für uns, dieses umfassende Leben zu spüren, gar zu lieben? Das kann sich nur immer wieder im konkreten Erleben ereignen, in der Freude an den vielen kleinen Erfahrungen des Lebens, in der Liebe zu den kleinen Dingen, die das große Leben ausmachen.

Es war vor wenigen Wochen nach dem Schwimmen im Bodensee: Wunderschön war es gewesen in dem weichen Wasser, das die Haut umschmeichelt und das in diesem Sommer eine Temperatur von mehr als 20 Grad erreicht hatte. Wir wateten und balancierten über die flachen Steine und kleinen Muscheln ans Ufer, und meine Begleiterin sagte in Gedanken an eine gemeinsame Freundin: „Wenn sie dabei wäre, kämen wir hier längst nicht so schnell ans Ufer.“ Sie würde nämlich schon auf dieser kleinen Wegstrecke Dutzende von besonderen Steinen, von Muscheln, von Hölzern und Pflanzen finden. Unsere gemeinsame Freundin war nicht zu überbieten in ihrem achtsamen Blick auf die Gegenstände und Lebewesen der Natur, ihre besonderen Farben und Formen, ihre Beschaffenheit. So hob sie vieles auf, sogar Sand und Erde in ihren besonderen Tönungen und Qualitäten, nahm es mit nach Hause, pflanzte es ein, betrachtete und betastete es und gestaltete oft noch etwas Besonderes daraus.

Die Liebe unserer Freundin zu diesen Gegenständen war wie bei vielen anderen Menschen noch ungleich intensiver geworden, seit sie die Natur unserer Erde so bedroht weiß. Oft ist auch sie recht niedergedrückt über diese Situation, deren Folgen man kaum zu Ende zu denken wagt, nicht zuletzt auch im Blick auf die Kinder, die kommende Generation. Unsere Freundin ist eine engagierte Lehrerin, die viel von den Ängsten der Kinder erfährt. Ihre Betroffenheit ist nun alles andere als Lust am Untergang, es ist vielmehr die liebende Angst, aus der heraus sie sich so betreffen ließ, daß sie begann, Bilder zu gestalten wie die folgenden, die zunächst die Angst der Kinder vor der Zerstörung unserer Erde beschreiben, die Verantwortung der Erwachsenen, mit ihnen darüber zu sprechen, sich mit ihnen gemeinsam der Bedrohung zu stellen. Die Kinder sind bereit aufzustehen und etwas für ihre Zukunft zu tun, aber sie sind tiefer betroffen, als wir oft meinen, und es ist am schlimmsten, wenn wir ihnen den Mund verbieten und so tun, als wäre es gar nicht so ernst.

Ich möchte an dieser Stelle zwei Bilder einfügen. Dieses Gestalten half ihr selbst, mit ihrer Betroffenheit umzugehen, indem sie die bedrohten und von ihr so geliebten Anteile unserer Erde, Teile von Bäumen, Pflanzen und Moosen so ins Bild einfügt, daß sie in ihm wie aufgehoben und geborgen sind und damit ins Gedächtnis, in die Aufmerksamkeit, ja in die Ehrfurcht des Gestalters und des Betrachters gerückt sind, wie die Partikel einer Ikone: Ikonen unserer Erde, Ikonen ihrer und unserer Liebe zum Lebendigen, erschafft die Gestalterin hier.

Das erste Bild entstand zu einem Traum, bei dem die Menschen nach einem verheerenden Angriff aus ihren Erdbunkern hervorkommen und auch angesichts aller Zerstörung einander Körner zu reichen beginnen, Keime eines neuen Lebens. Hände, die einander Körner reichen, rund um einen Tisch herum, genauer um einen Baumstumpf, den Querschnitt eines Baumes, zeigt sie in diesem Bild. Sie hat einen realen Baumquerschnitt fotografiert und die Fotokopie ins Bild eingefügt – und hat damit, obgleich es sich um das Bild eines durchgesägten Baumes handelt, das Symbol eines strukturierten runden Ganzen bekommen: einer gewachsenen Ganzheit mit all ihren Jahresringen. Indem sie die Hände, die aus einer mittelalterlichen Malerei fotokopiert sind, im Kreis um die Rundung des Baumtisches herum anordnet und indem sie einer jeden Hand ein Korn und alle Hände einander zuordnet, entsteht der Eindruck eines kreisenden Weiterreichens von Körnern rund um einen Lebensbaum.

Dieser obere Teil des Bildes strahlt eine große tröstende Ruhe aus. Er steht auf goldgelbem Hintergrund, für den echte gelbe Sande und Erden verwendet wurden. Dieses Bildfeld hat große Leuchtkraft, obgleich es vom Schwarz wie von Rauchfahnen und Brandspuren durchzogen ist. Es stellt die obere Hälfte dieser Komposition dar, die kontrapunktisch dem übrigen Bildraum gegenübergestellt ist:

Dort herrscht die Zerstörung, von der der Traum berichtet, vor. Dem rostroten Erdgrund sind zersprengte Partikel von Bäumen eingefügt, Holzsplitter, Rindenstücke, Blattskelette, alle in Form von Fotokopien realer Partikel. Auch Hände, vielleicht von Verschütteten, vielleicht von Toten, tauchen zwischen der Erde, den Rauch- und Brandspuren und den zersplitterten Hölzern auf. Hilflos sind sie, funktionslos, im Gegensatz zu der heilenden Geste der aufeinander bezogenen Hände im oberen Teil des Bildes. Stark ist die Spannung zwischen den beiden Teilen des Bildes: Doch gelingt es der Gestalterin, beides ungeschmälert zum Ausdruck zu bringen: die Zerstörung einerseits, doch ihr gegenüber das rettende Ritual, das wie eine Insel der Zuflucht wirkt. Ein schöner gestalterischer Einfall vermag die beiden Gegensätze miteinander in Kontakt zu bringen: Es ist das kleine quadratische Feld in Gold, mitten in dem geschwärzten und rostroten Gelände, das einen Getreidekeimling zeigt, der sich bereits aufrichtet. Hier ragt die Hoffnung, die von den Körnern ausgeht, in das Feld der Zerstörung hinein. Hier könnte es irgendwann wieder einmal keimen. Verbunden sind die beiden Bildfelder auch durch die eincollagierten Partikel von Holz, im unteren Feld als Zersprengte, im oberen Feld als die runde Ganzheit des Baumquerschnittes.

In einem weiteren Bild rückt ein Gingko-Blatt ganz in die Mitte und leuchtet wie eine Monstranz. Es ist ein bedeutsamer Einfall, finde ich, ein Blatt dieses uralten Baumes, der alle Zerstörung überlebt hat, alle Umweltveränderung, der nach dem Atombombenabwurf auf Hiroshima als erster wieder keimte, hier wie das Blatt eines heiligen Baumes in die Mitte zu rücken. Indem sie dieses Kreissymbol des runden Ganzen in die Mitte eingefügt hat, bekommt es wirklich Ganzheitscharakter, und es geht eine starke konzentrierte Ausstrahlung davon aus.

So etwas schaffen zu können, ist eine innere Befreiung, selbst wenn die äußere Bedrohung bleibt. Es ist eine Befreiung für die Gestalterin, die die zerstörerischen Kräfte bannt und mit den heilenden zusammen in Symbole faßt. Indem sie die Bilder zeigt, indem sie mir erlaubt, sie zu zeigen, wirkt sie an der Bewußtseinsbildung über die Bedrohung des Lebens auf unsere Erde mit und zugleich auch an der Erweckung der Liebe zu den kleinen lebendigen Dingen. Es ist so: Leben ist belastend, wo wir uns ohnmächtig fühlen, Leben ist gehaltvoll, wo wir gestalten können.

Nekrophilie und Biophilie sind keine absoluten Gegensätze, für die es jeweils bestimmte Menschentypen gäbe, sondern sie kämpfen in uns allen miteinander. Es kommt darauf an, was überwiegt und was uns letztlich bestimmt. Vergällt ist uns das Leben, wenn uns etwas genommen wird, an dem unser Herz hängt – eine vertraute Wohnung, eine Arbeitsstelle, eine Heimatlandschaft, unsere Gesundheit, ein geliebter Mensch, vor allem aber: unser Hoffen. Und damit spüren wir schon, womit es zusammenhängt, ob wir das Leben lieben können. Damit, ob es in diesem Leben etwas gibt, woran wir unser Herz hängen können, etwas, wofür wir uns ganz einsetzen können. Lassen wir doch einmal vor unseren inneren Augen aufsteigen, was wir lieben in diesem Leben, was – oder auch wen –, und werten wir es nicht zu früh. Es darf alles darunter sein:

- die Liebe zu einer Katze, zu einem Hund, zu einem Pferd …
- die Liebe zu einem wunderbar gewürzten Essen …
- die Liebe zum Wasser, zum Wald, zum Gehen, zum Schwimmen …
- die Liebe zu Farben, zum Malen, zum Fotografieren …
- die Liebe zu einem Spiel, einem Tanz, einem Sport, die uns unsere Beweglichkeit und unsere Spannkraft spüren lassen …
- die Liebe zu einem bestimmten Stoff, zu einem Kleid …
- ja die Liebe zu einem bestimmten Wetter, zu diesen hohen und leuchtenden Himmeln im September; vielleicht auch zu den Stürmen im Oktober und November, die das Unterste zu oberst kehren, das verdorrte Laub von den Bäumen reißen, die kranken Bäume umwerfen und alles nackt und ehrlich machen …

Suchen wir also unsere wirkliche Liebe zum Leben, finden wir heraus, wo wir intensiv, wo wir leidenschaftlich sind oder wo wir es eigentlich gerne sein möchten! Lassen wir die Liebe zu, dort, wo wir sie haben, und kümmern wir uns dabei nicht zu sehr um höhere und niedere Werte! Es ist wichtig, daß wir überhaupt etwas lieben und daß uns dazu nichts zu gering erscheint. Lassen wir uns von dem ergreifen, was uns ergreifen möchte und sei es auch einfach nur die Sehnsucht nach intensiverem Leben!

Liebe zum Leben: Sie hat viel mit dem Sinnenhaften, mit dem Sinnlichen zu tun, mit unserem Körper, mit diesem Stück Natur, das wir immer auch sind. Nehmen wir die Welt mit unseren Sinnen wahr, denn wir werden mit ihr leiden und sie lieben. Zu den Sinnen gehört vor allem auch das Erleben der Sexualität mit ihren Feuern, die verwandeln können, mit ihren Flügen, die uns über uns hinaus tragen. Wenn es nur ein einziger Mensch wäre, den wir liebten mit Leib und Seele und Geist, das Leben hätte Substanz, wir liebten in diesem einen

Menschen das ganze Leben. Zu den Sinnen gehört der Hautsinn, der Tastsinn, damit die ganze Sphäre der Zärtlichkeit, die so grundlegend wichtig ist zum Lebendigsein: einen Menschen streicheln, das Fell eines Tieres, Seide, die Rinde eines Baumes ...

Über die Sinne, die uns das Leben wie nichts anderes im Hier und Jetzt in einem erfüllten Augenblick verankern, nähern wir uns auch seinem Sinn, der letztlich in sich selber ruht, im Erleben des Lebens selber.

„Die Ros' kennt kein Warum,
sie blühet, weil sie blühet"

So schrieb Angelus Silesius, und er könnte es zugleich über die Liebe geschrieben haben, deren Bild ja die Rose ist, und über das Leben selber: Es kennt kein Warum. Leben ist selber Quelle, es braucht keinen Grund für sein Strömen. Leben braucht kein Warum, es „blühet, weil es blühet".

Liebe zum Leben: Sie hat aber auch zu tun mit unserer Seele, mit unserem Geist – damit, daß wir uns ergreifen lassen von etwas, das über uns hinaus geht, von dem Umgreifenden letztlich (Jaspers), dem Sein selbst (Tillich). Ob wir uns darin gründen können, daran hängt es schließlich, ob wir uns dem Leben verbinden können in Liebe oder ob wir dem Leben abgeschnitten bleiben in der sich selbst isolierenden Nekrophilie.

Letztlich ist Liebe zum Leben ein Ergriffensein vom Leben selbst, so, wie es ist, nicht nur so, wie es sein sollte, von dem Lebendigen, das zu ihm gehört in Pflanzen, Tieren und Menschen; von seinen unzähligen Situationen und Stationen von Glück und Schmerz, ein Ergriffensein von unserem eigenen Lebendigsein, das den Tod kennt. Damit und dagegen lebt die Liebe zum Leben an, und sie weiß, wie die Liebenden Sulamith und Salomon im Hohen Lied es wußten: „Die Liebe ist stark wie der Tod" – nicht stärker als der Tod, nein, aber stark wie er, das ist sie. Und jeder und jede von uns darf sich dabei selbst als Trägerin dieses Lebens, als Lebensträger wissen: Das aber fordert um so höhere Achtsamkeit unserem Leben gegenüber ab.

Leben ist, wir sagten es schon, immer dort belastend, wo wir uns ohnmächtig fühlen, immer dort lustvoll, wo wir gestalten können – mitgestalten, umgestalten, neugestalten. Dazu müssen wir heraus aus dem Sog der Nekrophilie, aus der Vorstellung, bloße ohnmächtige Opfer der Verhältnisse zu sein, die über alles schon entschieden hätten. Dann gelingt es uns vielleicht doch noch, uns und unsere Welt noch etwas umzugestalten. Aus unserer Liebe zum Leben heraus spüren wir auch noch feiner und noch genauer, als wenn nur Angst oder Moral uns antrieben, wo das Leben und das Lebendige bedroht sind, und wir wehren uns vielleicht um so leidenschaftlicher – für das Leben, nicht nur fürs Überleben.

Wo wir aber wirklich nichts mehr tun könnten für unser Leben, für das Leben auf dieser Erde – auch dort gäbe es noch die Möglichkeit, sich fallen zu lassen in das Vertrauen auf ein größeres Leben hinein, in das hinein, was uns hervorgebracht hat, was uns umgreift und birgt, in das Sein selbst. So erweist sich das Leben, das Leben selbst, das wir lieben, letztlich als eine religiöse Vorstellung. Und darauf beruht es, daß wir uns die Hoffnung, das Vertrauen auf das Leben selbst und seine unergründlichen Möglichkeiten einfach nicht nehmen lassen können.

Ich komm, weiß nit woher
Ich fahr, weiß nit wohin
Mich wundert's, daß ich fröhlich bin.

Und wenn's mich auch wundert: Ich bin froh – und ich werde es auch immer wieder sein, solange ich dazu gehöre und teilhabe an dieser wundersamen Wirklichkeit: Leben.

Quellenverzeichnis

Den Kapiteln dieses Buches liegen u. a. die folgenden Vorträge in einer ersten Fassung zugrunde:

Raum neuen Lebens: Im Umfeld des Geborenwerdens: In einer ersten Fassung unter dem Titel „Die menschliche Geburt" in: H. J. Schultz (Hrsg.), Kinder haben? Eine Entscheidung für die Zukunft? Kreuz Verlag, Stuttgart 1986, S. 52–65.

Beziehungsräume: Die Kunst, sich abhängig zu machen: In einer ersten Fassung unter dem Titel „Abhängigkeit" in: P. Buchheim/M. Cierpka/Th. Seifert (Hrsg.), Lindauer Texte. Psychotherapie im Wandel, Springer Verlag Berlin, Heidelberg, New York 1991, S. 197–211.

Berührungsfelder: Die Haut als atmende Grenze: In einer ersten Fassung in: G. Condreau (Hrsg.), Die Haut. Ganzheitlich verstehen und heilen. Hütig Verlag, Heidelberg 1997.

Herzkammern: Der Innenraum des Lebens: In einer ersten Fassung unter dem Titel „Das Herz als Symbol", in: C. Schweighofer (Hrsg.), 16. Goldegger Dialoge. Unser Herz – Eine Pumpe mit Gefühl, Goldegg 1998 (Eigenverlag), S. 115–134.

Den eigenen Weg gehen

Ingrid Riedel
Die gewandelte Frau
Vom Geheimnis der zweiten Lebenshälfte
Band 4892
Ingrid Riedel zeigt, wie Frauen neue Perspektiven, Freiheiten und Vertrauen entdecken und erleben können, auch in Zeiten der Krise.

Ingrid Riedel
Engel der Wandlung
Die Engelbilder Paul Klees
192 Seiten, gebunden mit Schutzumschlag
ISBN 3-451-27288-1
Ein Buch, das einlädt, den Bildern Paul Klees nachzuspüren und im eigenen Leben Wandlungsmöglichkeiten zu entdecken.

Gerd B. Achenbach
Lebenskönnerschaft
Band 5123
Wie führe ich mein Leben, damit es sinnvoll und lebenswert ist? Worauf es ankommt, sind die existenziellen Herausforderungen und das Wissen, was wirklich wichtig ist. Dem Könner des Lebens wird der „Lebenslauf" zum „Lebensweg".

Karl Heinz Brodbeck
Mut zur eigenen Kreativität
Wie wir werden, was wir sein können
Band 4804
Die inspirierende Kraft der Achtsamkeit bewusst einsetzen. Ein faszinierender Weg zu Vielfalt, Spontaneität und Neuem in unserem Leben.

Gernot Candolini
Im Labyrinth sich selbst entdecken
Band 5143
Ein uraltes Menschheitssymbol ist das Bild des Labyrinths und des rettenden Lebensfadens, der zur Mitte führt. Wer seine spirituelle Kraft erkundet, wird zu sich selber finden.

Erich Fromm
Die Kunst des Lebens
Zwischen Haben und Sein
Band 4917
Ein lebenspraktisches Buch über die Kunst, tiefer zu leben.

Erich Fromm
Authentisch leben
Hg. von Rainer Funk
Band 4839
Wissen, was die eigene Person ausmacht, sich nicht von außen leiten lassen, sondern das Leben bewusst aus eigenen Quellen gestalten.

Verena Kast
Aufbrechen und Vertrauen finden
Die kreative Kraft der Hoffnung
Band 5142
Gerade in Zeiten der Unsicherheiten und des Umbruchs brauchen wir die Hoffnung. Sie kann aktiviert werden und gibt die kreative Kraft, neu aufzubrechen.

Verena Kast
Sich wandeln und sich neu entdecken
Band 4905
Leben heißt: wachsen und sich neu entwickeln. Ein Aufbruch zu neuer Lebensleidenschaft.

Verena Kast
Loslassen und sich selber finden
Die Ablösung von den Kindern
Band 4910
Sich loslassen und sich als Erwachsene neu begegnen. Phasen und Chancen im Ablösungsprozess von den Kindern.

Verena Kast
Sich einlassen und loslassen
Neue Lebensmöglichkeiten bei Trauer und Trennung
Band 4888
Den Blick nach vorn richten, eine neue Lebens-Leidenschaft entwickeln: Das sind Chancen, die das Leben auch im Loslassen reicher machen.

Irmtraud Tarr Krüger
Das Leben meint es gut mit dir
Anregungen zur Lebenslust
Band 4786
Tipps für Körper und Seele, die gut tun und neue Energien freisetzen.

Irmtraud Tarr Krüger
Schutzengel
Boten aus dem Raum der Seele
Band 5140
„Ob man alt ist oder jung – Schutzengel brauchen wir alle" (Albert Einstein). Die bekannte Psychologin zeigt, wie viel kreatives Potential in diesem Erfahrungsbereich der Seele steckt.

Irmtraud Tarr Krüger
Vom leichten Glück der einfachen Dinge
Kleine Freuden – große Wirkung
Band 4911
Innehalten, zu sich selber kommen, genießen, der Seele Luft und Atem geben: Sich inspirieren lassen, die Kunst des Lebens selber zu probieren.

Rudolf Walter (Hg.)
Lass dir Zeit
Entdeckungen durch Langsamkeit und Ruhe
Band 5178
Ein Buch, das inspiriert, sich der Flüchtigkeit zu widersetzen und Wege zum Wesentlichen zu suchen.